JN430835

창의력, 미래를 여는 캡스톤 디자인

송진호 지음

초아출판사

머리말

캡스톤디자인 강의를 해온 시간이 13년이 되었다.
그동안 학부생과 대학원생들 대상도 있었고 교수님을 대상으로도 강의를 많이 하였다.

학부생들은 생소한 과목에 담당 교수님에 의존하고 교수님들은 열심히 기업의 요구사항들을 찾으시고 모두가 매 학기 한정된 시간에 분주하게 움직인다. 특히나 신임교수님들은 캡스톤디자인이라는 과목이 생소해서 캡스톤디자인이 무엇이냐고 물으시곤 한다. 예를 들면 도시의 건설현장 안전벽에 도시 미관을 위해 그림을 그리는 작업도 캡스톤디자인 수업으로 가능하냐고 물으시는 교수님도 계셨다. 캡스톤디자인은 결과보다는 학생들과 같이 고민하고 결정해서 목표를 완성해 가는 과정이 중요하다. 사회에서 겪게 될 팀제를 똑같이 학교로 가져와서 조직화하고 문제를 해결하는 방식으로 기간은 짧지만 좋은 경험이 될 것이다. 그리고 캡스톤디자인 수업에 제대로 집중된 학생들은 분명 성장하고 있음을 재차 확인할 수 있었다. 학생들이 시간 가는 줄 모르고 밤에 토론하는 모습들에서 그들을 지원하는 교수자로서 기쁨과 보람을 느끼곤 하였다. 일반적인 강의 수업에서는 학생들이 지루해하지만 학생들끼리의 토론에서는 밤이 지나도 끝날 줄을 몰랐다. 무엇이 그리 재미있는지 웃으며, 혹은 진지한 애기들이 오가는 학생들의 밝은 모습에서 우리의 미래를 보곤 한다. 그리고 캡스톤디자인 수업에서 기술들이 발전되는 과정을 통해 조금씩 중심기술이 디지털로 변화되는 것을 느끼고 있다. 오프라인에서 이제는 온라인 아이디어들이 많이 나오고, 서비스 부분에서 디지털과 연계된 제품화 부분이 더 나오고, 이론적이고 기획적인 아이디어 보다는 구체화되고 실용화되는 아이디어들이 더 많이 창출되었다.

이 책은 6개 PART로 구성되어 있으며 내용이 신세대를 위해 짧고 강하며 임팩트한 내용으로 간결하게 표현하였다. PART 1은 일반적인 창의력에 대한 내용으로 구성되었고 PART 2는 대학의 학습변화로서 대학의 시대적 변화에 따라 대학 학습방법 변화에 대한 내용으로 구성되어 있다. PART 3는 관찰과 아이디어 창출에 관한 내용으로 세밀한 관찰을 통해서 아이디어를 창출하는 내용으로 되어있다. PART 4는 아이디어 창출의 구체적인 도구인 방법들에 관한 내용으로 구성되어 있다. 교수자나 캡스톤디자인 팀장들은 캡스톤디자인을 진행할 때 어떤 방법으로 아이디어 창출할지를 선택하도록 안내하고 있다. PART 5는 사업화 부분으로서 마케팅 계획과 사업계획서 작성에 대한 꼭 필요한 내용들로 구성하였다. PART 6는 캡스톤디자인 팀장들을 위한 리더스 과정으로 리더들이 꼭 알아야 하는 리더십과 관리, 행동 사항들로 구성되어 있다. 캡스톤디자인을 이해하려는 신임교수들은 PART 3-4 그리고 사업화 지도가 필요하다면 PART 5를 정독하길 권한다. 캡스톤디자인의 팀장이라면 PART 3-4와 PART 6을 읽기를 권한다. 대학 교무처나 기획처 등 관계자들은 PART 2부분을 권하고 싶다. 만일 일반 창업자라면 전체를 읽어 보시길 권한다. 사업을 구상하면서 생각해야 하는 범위의 내용들을 짧지만 필요한 사항들로 구성하였다.

이 책이 빛을 보기까지 여러 사람의 수고가 있었다. 먼저 책 발간을 허락하여 주신 초아출판사의 이민영 대표님과 편집에 수고를 아끼지 않은 초아출판사의 편집실장님 김태훈 실장님, 평생 옆에서 이름처럼 균형을 잡으며 희생해 주는 정희정 여사님, 별에서 빛처럼 나타난 민규와 영훈. 영감에 영향을 주고 인생의 즐거움을 같이 한 이흥구 대표님, 이봉구 집사님, 이일구교수님, 이인구 선생님과 정명원 대표 그리고 항상 동행하며 기회를 만들어 주신 하나님의 깊은 사랑에 감사기도를 드린다.

2024년 봄기운이 오고 있음을 바람결에 느끼는 동탄에서

저자 송진호

목차

PART 4 캡스톤디자인 수업

PART 5 사업화

PART 6 캡스톤디자인 리더십 과정

창의력, 미래를 여는 캡스톤 디자인

송진호 지음

창의력

1 PART

I. 창의력

01. 창의적인 생각

02. 생각의 틀

03. 긍정적 사고와 부정적 사고

04. 영감과 땀의 차이?

05. 창의력 7가지 접근법

I.

창의력

01. 창의적인 생각

어느 음악회에서 멋진 복장을 갖춘 남자가 무대에 오르고 있다. 손에는 아무것도 없어서 지휘자인가 생각할 즈음, 책상이 놓인 의자에 앉는다. 놀랍게도 책상 위에는 타이프라이터(Typewriter)가 놓여있다. 자연스럽게 타이핑 하는 소리가 관객에게 들린다. 연주가 시작 되었다. 클래식 무대 위에서 타이프라이터는 악기로서 훌륭하게 연주될 수 있다. 새로운 시도가 놀랍다. 타이프라이터는 문서 작성을 위한 도구가 아니라 소리로 연주할 수 있는 훌륭한 악기가 될 수 있다. 사무실에서 시끄

Leroy Anderson Typewriter

러운 타이핑 소리가 연주로서 다른 악기와 소리를 같이 한다는 새로운 사실에 놀라울 다름이다.

이런 생각을 해보자. 우리가 야외에서 장작불로 음식을 구울 때 불이 붙은 그 음식은 어느 쪽에 있을까? 라는 물음에 대부분 사람들의 대답은 불은 아래에 있다고 말한다. 그러나 자세히 보면 불은 옆에 있으며 자세히 보면 위에도 있다. 살아 가면서 부딪히는 갈등의 문제도 관점에 따라 달라지게 된다. 상대적인 생각을 하면 오해가 가고 이해가 오기도 한다. 무슨 일이든 보는 관점에서 달라지며 생각도 마찬가지다.

우리가 일상생활에서 마주치는 일들은 "그럴 것이다" 라는 고정관념에 많이 사로 잡혀있다. 그래서는 새로운 생각이 나올 수 없다. 왜 그런가? 를 끊임없이 계속 물으면서 생각을 해야 하고 상대적인 생각을 해야 우리는 새로운 생각을 할 수 있다. 그것을 우리는 창의력이라고 한다. 새로운 제품을 만들 때도 사용자나 구매자, 최종 소비자를 생각해야 좋은 제품을 개발할 수 있다.

또 다른 것을 살펴보자.

어떤 과학자가 거미에 관한 새로운 실험을 하고 있다. 그는 거미를 실험대 위에 올려놓고 여러 사람들이 보는 앞에서 탁자를 치며 큰 소리로 거미에게 외쳤다. '뛰어! 뛰어! 그랬더니 놀랍게도 거미는 뛰기 시작했다. 그다음 과학자는 여러 사람들이 보는 앞에서 거미의 다리를 부러뜨렸다. 그리고 거미에게 소리쳤다. '뛰어! 뛰어! 그러나 다리가 부러진 거미는 꼼짝하지 않았다. 과학자의 표정은 흐뭇하다. 실험이 끝나고 과학자는 실험의 결론을 발표하였다. '거미의 귀는 다리에 달려 있습니다.'

아마도 독자는 웃고 있을 것이다. 그렇다. 과정이 맞다고 결과에 동의할 수는 없다. 우리가 알고 있는 지식과 알아야 할 지식이 이해가 되어야 새로운 창의적 사고를 펼칠 수 있다. 창의력은 새로운 생각의 적용이 아니고 있는 지식을 통해 새로운 발견을 하는 것이다.

우리가 알고 있는 미국의 기업들을 보자. 애플과 테슬라 등의 공통점은 전 세계를 이끄는 혁신기업이면서 신입사원들에게 신입 교육이 없다는 공통점이 있다. 입사하자마자 바로 업무에 투입한다. 상사의 구체적인 업무 지시도 없다. 해결해야 할 '문제'와 실현해야 할 '목표'만 주어진다.

분초를 다투며 시간과의 전쟁을 벌이는 실리콘 밸리의 기업들은 이런 신입의 교육을 낭비라고 생각한다. 앞선 선배들의 똑같은 업무 방식이라면 기계식 지원과 로봇의 판단력에 맡기면 된다. 국내기업의 통계에 따르면 신입사원이 혼자서 독단적인 업무를 추진하는데 걸리는 기간이 1년 2개월이 걸린다고 한다. 이는 기업이 시간을 들이는 비용이며 교육 기간을 직원에 대한 투자개념으로 보고 있다. 혁신기업처럼 입사하자마자 업무를 바로 해야 하는데 백지에서 시작한다면 여러분은 어떻게 시작할 것인가?

02. 생각의 틀

생각은 우주와 같아서 아직 끝까지 가본 적도 범위도 알 수 없다. 다만 그 범위도 생각이라는 '틀' 속에 묻혀서 생각을 가두어서는 안된다. 우리의 생각은 경계를 넘어 무한한 새로운 세계로 나아가야 한다. 학문도 과정과 범위 속에서 알고 모르고를 반복하는 내재적 상황에서 본다면 발전은 없다. 우리의 생각은 무한을 인정하고 개인이 가지고 있는 생각의 '틀'을 과감하게 깨야 한다.

대부분 사람들의 생각은 초기의 값에 크게 의존한다. 처음에 본 것, 처음에 알게 된 것. 등 초기의 값이 전체적인 판단에 매우 강력하게 영향을 미치는 것이다. 이것을 '닻 내리기 효과'(Anchoring Effect)라고 한다. 닻이 내린 곳에 배가 머물 듯이 처음 입력된 정보가 정신적인 닻으로 작용해 전체적인 판단에 영향을 미치는 현상이다. 생각은 인식과 처리 과정의 합으로 되어

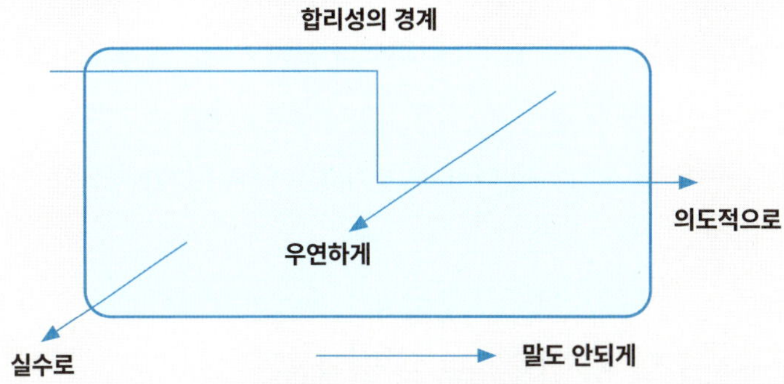

Serious Creativity by Edward De Bono

있는데 대부분 생각의 집중시간을 처리 과정에 많은 시간을 할애하고 있다. 그 결과는 인식의 변화에 따라서 생각은 완전히 바뀔 수가 있다. 이것은 우리가 사물을 어떻게 보고 인식하느냐에 달려 있다. 따라서 인식의 보는 법도 창의력에 중요한 내용이 될 수 있다. 우리는 광고나 홍보를 통해서 인식된 내용들이 있다. 예를들어 정밀제품을 보자면 스위스 시계가 떠오를 것이다. 스마트 폰은 한국과 미국의 스마트 폰을 떠올리게 한다. 패션하면 이태리 패션을 떠오르는 내용 들이 그것이다. 인식은 신뢰성을 바탕으로 대부분 이루어 지지만 누군가에 의해 조작된 노력에 의해 변화되기도 한다.

피아노는 음악에서 없어서 안되는 대표적인 악기이다. 음악학과 학생들을 상대로 강의 기회에 피아노 건반 개수를 물어보면 88개로 정확히 알고 있다. 피아노는 7옥타브를 가진 악기로 소프트, 소스테누토, 댐퍼의 3개의 페달과 백건반 52개, 흑건반 36개의 88개 건반으로 이루어져 있으며 6,200여개의 부품으로 되어져 있다. 또 피아노는 풀네임이 아니다. 피아노포르테 P.F(손가락 힘 조절로 소리를 강하게, 약하게 조절)이다. 그런데 왜 피아노 건반이 88개인가? 를 물어본다면 고개를 까우뚱 한다.

인간의 귀인 청각으로 들을 수 있는 소리의 영역대가 20HZ - 20,000 HZ로 구성되어 있어서 피아노 건반 수를 더 늘려도 사람들에게는 소리의 의미가 없는 것이다.

왜 그럴까?를 생각하면 더 좋은 창의적인 아이디어가 떠오를 수 있다.

03. 긍정적 사고와 부정적 사고

비행기를 타고 가다가 창밖의 어두운 풍경을 보고 혹시 부정적인 생각이 들고 왠지 불안한 마음이 든 적이 있는지? 특히 태평양을 비행기 타고 갈 때 끝없이 펼쳐진 바다를 보고 그런 생각을 해 보셨다면 내게도 부정적인 염려가 있는 것이다. 매사에 불평을 하는 사람들은 대부분 성공하지 못한다. 사물을 대할 때 긍정적 사고는 성공적인 일을 예감하듯이 처음부터 부정적인 사고를 가지고 출발하면 결과들이 좋지 못하다. 우리가 겪는 일상적인 활동들도 항상 긍정적 사고를 가지고 있으면 인생을 풍족하게 만들 수 있다. 예를 들어보자.

강원도 횡성의 한 임야가 7,600평이고 감정가가 3억 5천만원 이었다고 한다. 경매 초기에 8,000만원 경매가 유찰 되었다. 산에 돌이 많아서 쓸모가 없다는 것이다.

그런데 어떤 긍적적인 사고를 가진 사람이 7,450만원에 낙찰을 받았다. 어떤 생각으로 낙찰을 받았을까? 이 긍정맨은 야산의 돌을 캐서 판매금액이 5,000만원 되었고 은행 경매대출 3,000만원을 갚고 돌이 없어진 땅은 전원주택 부지로 변신, 평당 15만원, 총 11억 4천만원의 땅이 되었다. 이렇게 긍정적 사고는 부정적 사고를 극복할 수 있다.

정주영 현대 사업가의 일화를 보자. 1970년대는 중동의 석유파동이 나고 경제가 암울한 시기였다. 그 당시 현대건설은 사우디아라비아에 건설 신화를 이룩하게 되었다.

1975년 사우디아라비아 주베일 항만공사가 9억 3,000만 달러(당시 우리나라 예산액의 절반수준)으로 1979년까지 현대건설 공사 대금 약 51억 6,400만 달러의 큰 공사가 있었다. 모래바람과 더운 날씨, 물도 없는 조건이지만 공사 수주를 위한 긍적적인 사고가 신화를 만들게 되었다. '그곳 중동은 이 세상에서 건설공사 하기 제일 좋은 곳입니다. 1년 12달 비가 안 오니 1년 내내 공사할 수 있고요, 건설공사에 필요한 모래 자갈이 현장에 있으니 자재 조달이 쉬웠습니다. 필요한 물은 실어오면 되고 낮 더위를 피해 낮에 자고 밤에 일하면 됩니다.' 이 얼마나 긍적적인 사고인가? 그렇다. 사람들은 같은 것을 보면서 다른 생각을 한다.

창의력의 사고는 밖에 있지 않고 여러분의 마음, 생각 속에 있다. 생각의 나쁜 것과 좋은 것이 아니라 생각의 방향에서 창의적인 사고가 일어나는 것이다.

한 늙은 인디언 추장이 어린 손자에게 자신의 내면에 일어나는 '큰 싸움'에 관해 이야기를 한다. 이 싸움은 또한 어린 손자의 마음속에도 일어나고 있다고 설명해 준다. 추장은 손자에게 설명한다.

'애야, 우리 모두의 마음속에서 이 싸움이 일어나고 있단다. 두 늑대의 싸움이란다. 한 마리는 악한 늑대인데 화, 질투, 슬픔, 후회, 탐욕, 거만, 자기 동정, 거짓, 자만심, 우월감, 그리고 이기심이란다. 다른 한 마리는 좋은 늑대인데 그가 가진 것들은 기쁨, 평안, 사랑, 소망, 인내심, 평온함, 겸손, 친절, 동정심, 아량, 진실 그리고 믿음이란다. 손자가 추장 할아버지에게 물었다. '어떤 늑대가 이기나요?' 추장은 간단히 답하였다.

'내가 먹이를 더 많이 주는 놈이 이기지'.

모든 것은 우리 마음속 생각에 있다. 생각을 깨어나게 하는 것, 그것이 창의력의 출발이다. 대학에서 운영하는 캡스톤디자인도 창의력을 도와주는 프로그램이다.

캡스톤디자인도 이렇듯 긍정적 사고로부터 인식의 변화를 추구하는 것으로 시작된다. 국내 모든 대학에서 운영하는 캡스톤디자인은 대학에서 운영하는 유일한 창의력 프로그램이다.

04. 영감과 땀의 차이?

여러분은 어려움과 불가능의 차이를 아는가? 어려움은 시간이 더 걸리는 것이고 불가능은 내가 포기해야 생기는 것이다. 불가능은 실상 본인이 포기하거나 일을 중단 했을 때 일어난다. 대부분의 경우 어려움이 오면 불가능이 온다. 참을 수 없는 고통이 온다면 포기할 수 있다. 그러나 우리가 인생을 살면서 고통의 포기보다는 본인 한계에서 포기를 더 많이 한다. 인내가 부족한 탓이다. 야생에서 사자가 토끼를 전속력으로 잡듯이 목표에 최선을 못하기 때문에 불가능이 발생하는 경우가 허다하다. 엘렌머스크가 인터뷰에서 로켓 실험 3번을 실패하고 돌아서 포기했다면 지금의 엘런머스크는 파산했을지도 모른다. 그는 4번째 도전에서 성공하였다. 누구도 성공하기 위한 노력의 한계는 없다. 토마스 에디슨은 '천재는 1%의 영감과 99%의 땀으로 이루어진다'. 라고 했으며 1,093개의 발명 특허를 출원했다. 세익스피어는 소네트(10개의 음절로 구성되어 있는 시행 14개가 일정한 운율로 이어지는 14행시)를 154개 썼다. 바흐는 성인이 되고 나서 칸타타를 매주 한 곡씩 작곡했다. 모차르트는 660곡 이상을 작곡하였다. 아인슈타인은 자신의 최초이자 가장 유명한 논문 외에 248편을 더 발표하였다. 다윈은 진화론 외에 119편의 저서를 남겼다. 매슬로(Maslow)는 욕구 단계 이론으로 유명 하지만 논문이 165편 더 있다. 램브란트는 회화를 650점 이상 그렸다. 피카소는 20,000점이라는 엄청난 수의 작품들을 남겼다. 이들이 어렵다고 포기했다면 우리가 그들을 기억하지 못할 것이다. 다빈치의 혁신코드는 어떠한가? 레오나르도 다빈치는 코페르니쿠스보다 40년 앞서서 지구가 중심이라는 믿음을 부정하며 '태양은 움직이지 않는다'라고 단언하였다. 또한 레오나르 다빈치는 다윈보다 무려 400년 앞서 '사람과 원숭이는 같은 조상에서 유래 되었으며 우리 주변의 자연 세계가 진화를 통해 이루어진다고 주장 하였다. 더불어 뉴턴보다 200년 앞서 중력이론, 즉 모든 질량을 가진 물체는 가장 짧은 경로로 지구의 중심을 향해 떨어진다는 법칙과 '지구는 둥글 것이다.' 라는 가설을 내세웠다. 이렇듯 우리가 알고 있는 성인들의 지혜는 포기와 멀고 꾸준함에 있다.

포기하는 자는 과거를 헛되이 보내게 되고 모든 것을 그 순간 잃게 한다. 포기란 불가능을 가능케 하는 말로 긍정적 사고와 불가능 없는 사고가 창의적 사고의 승리자가 될 수 있다. 오케스트라 지휘자에 따라 곡 해석에 따른 연주곡의 시간이 다르듯이 남들과의 비교로 자신의 느림을 한탄할 것이 아니라 목표의 성과는 자신에게 달려 있음을 알아야 한다. 그래야 본인에게 불가능은 없다는 것을 스스로 깨닫게 된다. 불가능은 내가 멈추었을 때 생기게 된다. 그렇다. 불가능과 포기는 어쩌면 성공이라는 길 위의 숙련의 과정이다. 본인이 성공을 위해 가다가 포기하면 불가능이 생긴다. 그래서 불가능이라는 것은 남들에게 없고 나에게만 있는 것이다.

05. 창의력 7가지 접근법

창의력에도 생각하는 방법이 있다. 유명한 심리학자인 마이클 겔브(Michael Gelb)의 창의력 7가지 접근법은 다음과 같다.

❶ **끊임없는 호기심**: 배움은 끊임없는 갈구이다. 생각을 그림으로 구체적 표현하며, 더 나은 답을 추구한다.

❷ **더 많이 보기**: 정보를 더 받아들인다. 관점과 인식을 결합하고 주위 관찰을 통해 사물과 현상을 이해한다.

❸ **더 폭넓게 생각**: 예술과 과학, 논리와 상상력을 철저히 분석하고 자신의 직관을 신뢰한다.

❹ **연결점 만들기**: 서로 연결되지 않은 것들을 연결, 자연계 물질 융합들과 교차 수용한다.

❺ **역설 받아들이기**: 모호성과 불확실성을 즐긴다. 그리고 명확한 답 없는 질문을 수용해 본다.

❻ **대담한 행동**: 항상 자기 자신의 가설을 증명하려 한다. 실험도 해보고, 아이디어를 현실화해 보기도 한다.

❼ **진일보한 마음 자세**: 정신과 육체의 건강을 추구한다. 새로운 아이디어. 탐험 충실한 삶을 가져보기도 한다.

결국 창의력은 창의 사고에서 나오고 꾸준한 포기 없는 삶 속에서 긍정적인 마인드로 지속적인 사물의 패턴을 이해하며 새로운 것을 추구할 때 나오는 것이다. 학문도 무한한 호기심에서 계속 발전이 지속되는 것이다. 우리는 누군가의 창의적 사고로 인한 창의력 결과인 사물 속에서 생활하고 있다. 어느 날 아침에 일어나 보니 남들이 만들어 놓은 세상에 내가 있는 것이다. 내가 만든 것이 하나도 없는 세상에 남들과 같이 더불어 사는 세상에 내가 온 것이다.

대학의 시대적 학습 변화

2 PART

II

대학의 학습 변화

01. 학습자의 변화

학습도 시대에 따른 지속적인 변화가 있어 왔다. 시대적 특징들에 따라서 학습하는 방법도 가르치는 방법도 차이가 있는 것이다. 태어난 시점에서 현재를 살펴보자.

1. 베이비 부머 세대 (1946년-1964년)

개인의 성공을 위한 성실하고 건실함이 있다. 전쟁이 있었고 복구를 위한 안간힘이 있었다. 가난한 나라의 경제성장을 위한 정부의 강력한 계획과 추진력으로 신생 기업의 설립으로 어려운 나라 살림에 보탬을 주었다. 개인의 야근, 특근을 통해서라고 돈을 중시하여 모으고 인간관계를 중시하며 꾸준한 자기개발을 통해 성공할 수 있다고 믿고 있다.

2. X세대(1965년-1979년)

일명 386세대라고 부른다. 전체 800만명이 조금 넘는다. 박정희 대통령 시대의 고도화로 인해 비교적 풍족한 시절에 태어났다. 민주화 운동이 있었고 컬러 TV가 나오고 프로야구가 시작되었다. 개인은 일과 승진을 중요시 한다. 또한 인터넷이 처음 생기고 삶의 균형을 중시한다. 취미 생활을 즐기고 대가족 시대로서 가족을 중시하며 온/오프의 교육 경험을 가지고 있다.

3. Y세대(1980년-1995년)

베이비 붐의 자녀 세대이다. 성격은 낙천적이다. 가치는 개인과 다양성이 뚜렷하다. 지적 호기심이 많아서 멀티캐스팅, 디지털을 선호한다. 자기 확신이 강하고 즉흥적이며 상호 공유를 즐긴다. 성공보다는 좀 더 의미 있는 일을 더 중시한다. 독립심이 강하며 내일과 남의 일을 뚜렷이 구분한다. 신속한 정보력과 소비 지향적이다.

4. Z세대(1996년-2000년)

일을 할 때 합리성을 선호한다. 디지털 원년의 네이티브 세대로서 오프라인보다 온라인을 더 선호한다. 구매의 50% 이상을 온라인에서 쇼핑하며 디지털 언어로 학습이 필요하다. 교실 수업보다 모바일 수업을 더 좋아하고 짧은 메시지 전달을 더 선호하는 세대이다.

지금은 대부분 X세대가 Z세대를 가리치고 있으니 서로의 다름을 인정하고 세대 특성을 잘 파악하여 세대에 맞는 새로운 교육적 방법을 통한 접근이 필요하다.

02. 변화된 학습, 이젠 어떻게 가르칠 것인가?

오랫동안 대학에서는 전통적인 방식으로 아직도 집합 교육의 틀에서 벗어나지 못했다. 정해진 수업시간, 정해진 강의실, 한 명의 교수자가 매년 비슷한 학습 내용으로 다수의 학습자에게 일방적인 강의식으로 전달하는 방식으로 수업을 해 왔다. 가르치는 방식보다는 시험 성과를 중심으로 수업 결과를 중시하였다. 그동안 사이버 학습이라는 LMS(Learning Management System)라는 플랫폼을 운영, 관리 시스템을 갖추고 운영하고 있다. 플립(Flipped Learning)런닝, 해석하자면 '거꾸로 학습', '반전 학습'으로 집에서 과제를 하고 대학교에서 강의만 받는 교육방식이 개발되었음에도 활용 용도는 많지 않았다. 시스템에 의존하여 수업 운영에 미숙한 면도 많았다. 또한 학생들의 이해하는 학습역량 등과 세세한 피드백의 문제점 등으로 활성화되지 못하면서 학습 본래의 목적을 달성하는데 실패 하였다. 얼마전 갑자기 코로나라는 펜데믹 환경을 3년간 디지털 학습환경을 겪으면서 그나마 입체적 교육 중심으로 변화되고 있다. 원래 사이버 교육은 미국의 극지 학습을 위해 고안해 낸 특수한 학습시스템이다. 요즈음엔 디지털 기술의 힘을 빌려 학습 내용을 소화하기 쉽고 짧게 구성된 교육 내용, 온라인과 오프라인의 유기적인 연계(Blended Learning) 학습, 맨체스터 대학에서 처음으로 나온 학습을 게임처럼 가상현실을 통한 몰입도 높은 게임형(Gamification)교육, 개개인의 최적화된 맞춤 교육, 협력을 통한 팀티칭, 조별 단위의 토론식 수업. 현장학습 등 다양한 학습 방법이 새롭게 진행되고 있다. 그러나 교수자들은 아직도 어떤 학습법을 쓸지, 효과가 무엇인지를 잘 알지 못한다. 학습 전달 방식은 매우 중요하다. 학습효과와 학습 결과는 전달 방법에 달려 있기 때문이다.

03. 4차 산업혁명의 도래

2016년 스위스 작은마을 다보스에서 열린 세계경제포럼(World Economic Forum:WEF)에서 인공지능, 로봇, 생명과학이 주도하는 기술시대가 도래하였음을 선포하였으며 이를 통해 초 연결시대가 시작되었다. 제 4차 산업혁명은 새로운 패러다임의 비즈니스가 시작되었는데 한 대의 택시도 보유하지 않은 교통 산업인 우버(Uber)라든지 한 개의 호텔도 보유하고 있지 않은 숙박사업인 에어비앤비(Airbnb), 디지털 콘텐츠를 만들지 않는 페이스북(Facebook)이 그들이다. 시대의 전환은 과거의 산술급수적(Natural Increase)에서 현재는 기하급수적(Exponential Growth)시대로 변화하였다. 산업의 변화도 휴대폰, 디지털카메라, 캠코더 시장의 통합인 스마트 폰이 나왔고 자율자동차 개발을 위해 자동차, 자율교통체계, 화상기술, 전송기술, 에너지(전지기술), 하드중심에서 소프트웨어 중심으로 기술들이 진화되고 있다. 또한 아디다스의 스피드 팩토리 공장은 근로자 10명이 50만 켤레의 신발을 만드는 공장을 설립하였다. 이는 2016년 설립하여 3주 걸리는 공정을 여섯 대의 로봇을 활용하여 5시간으로 절감을 시도하였다. 연간 50만대, 600명 필요 인원을 10명으로 축소하는 시도는 놀라운 결과를 가져온다. 개인 맞춤형 신발도 주문제작이 가능하였다. 대만의 폭스콘(Faxconn)은 세계의 공장이라 불리는데 2016년 5월 11만명 제조 인력 중 6만명을 로봇으로 대체하였다. 아마존의 로봇 키바(Kiva)는 물류 창고에서 물건 자동운반 시스템 도입으로 1시간에 배송물품 600개를 처리하여 기존보다 4배 빠른 속도를 자랑한다. 포춘 선정 500대 그룹은 선정 기업 50%가 사라질 것이라는 보고서가 나올 정도(Constellation Research)이고 모든 사업이 디지털 기반 위에서 성장할 것이라고 예측하고 있다. 이렇듯 디지털로의 전환 시대에 신조어 등도 등장했는데 디지털과 금융의 결합인 핀테크, 자율주행차 산업, 스마트 물류, 스마크 그리드, 스마트 시티, 아그라테크(Agri-Tech), 푸드테크(Food Tech) 등이 그것이다. 우리의 교육 트랜드는 이렇듯 빠르게 변화하는 현장에서 강의실의 이론 강의를 능가하고 있다. 학습이 현장을 따라가기가 버거운 시대가 되었다. 중국 고사에 '같은 일의 반복은 다른 결과를 가져오지 않는다. 다른 결과를 기대하는 것은 미친 짓이다'. 라는 말이 있다. 좋은 방향으로의 변화를 바라면서 스스로 변화하지 않고 과거의 어리석은 방식을 고집하거나, 또는 기대하는 바는 원대하지만 실천하려는 행동이 과거의 잘못된 방식을 답습하는 경우가 그렇다. 우리나라의 대학들이 그렇다. 변화하지 않으면 사라지는 시대가 되었다.

04. 대학의 변화

1997년 미국의 경영학자 피터드러커(Peter Ferdinand Drucker)는 '30년 뒤 대학 캠퍼스는 역사적 유물이 될 것이다.' 라고 일찍이 예측하였고, 2023년 미래 학자 토마스 프레이(Thomas Frey)는 '대학교육으로 2030년에 앞으로 15년 뒤에는 대학의 절반가량이 문을 닫을 것이다.' 라고 말하였다. 20억 개의 일자리가 생기며 프리렌서 시대가 열린다. 제도권 교육 체계와 대학 학위는 더 이상 쓸모없어질 것이다. 교육도 앞으로 문제해결 중심 교육을 해야 변화하는 사회에서 생존이 가능하다. 기업 현장에서 요구되는 문제들을 바로 적용할 수 있는 실용적인 학문으로 바뀌어야 한다. 요즘 학령인구의 감소로 국내는 지방을 시작으로 신입생 감소로 어려움을 호소하는 대학들이 지속적으로 나타나고 있다. 이는 세계적으로 학령인구의 감소뿐만 아니라 치솟는 대학의 교육비, 채용과 연계되지 않는 교육 프로그램, 4차산업 혁명 등 시대의 요구에 미반영되는 교육과정, 지역 대학 간의 치열한 경쟁 심화, 수도권과 지방 대학의 격차가 더 벌어지고 전공과 취업의 불일치 현상의 증가로 대학교육의 필요성이 제기되며 산업 발전 속도를 대학이 반영 못함으로 교육부도 지원에 한계성을 느끼고 있는 것으로 보여진다. 국립대의 정원 미달, 지방에서 수도권으로의 편입이 늘고 있고 교육부에서는 충원율 점수가 배가되어 중요한 잣대가 되면서 지방 대학의 운영은 더욱 힘들어지고 있는 결과를 초래하고 있다. 결국 대학이 변화하지 않으면 지속적 유지가 힘든 시대가 되었다. 교육부는 이제 '자율'이라는 대학의 방향을 던져주며 대학 스스로 각자 살길을 찾아 도생의 길로 안내하고 있다.

1. 배움은 꼭 돈을 내고 다녀야 하는가? 학위가 중요한가?

본래 대학의 핵심은 "교수의 질"이다. 여지껏 국내 대학 진학생들은 대학명만 보고 대학을 찾았지만 이제 학교를 통하지 않고도 배울 수도 있는 길이 있다. MIT, 하버드대학교, 스텐퍼드 강의를 온라인으로 학습할 수 있는 시스템인 MOOC(Massive Open Online Course)이다. 2012년 처음으로 주목받았으며 2018년에 900개 이상 대학에서 1만 1,400여개 강의를 제공, 등록 학습자는 1억 100만명에 달한다. 모두 무료 강의이며 스텐퍼드의 코세라(Coursera), MIT와 하버드대학교의 에덱스(Edx), 구글에서 시작된 유다시티(Udacity), 유럽의 퓨처런(Futurelearn) 등이 있다. 이제는 대학의 비싼 등록금 없이도 학습할수 있는 기회들이 많이 열려있다. 만일 대학 이름을 보고 입시를 결정했다면 묻고 싶다. 대학의 브랜드와 개인의 능력의 차이가 꼭 일치하는가? 대학교육이 기업현장의 업무에 들어맞는가? 사람의 능력을 학교 성적으로만 평가가 적절한가? 대학에서 학위를 받고 그를 통해 인정받는 과정은 하나의 교육경력이지 현장에서 받아들일 수 있는 완벽한 채용 능력 평가 요소는 아니다. 이제는 대학도 공급자의 권한에서 수요자의 권한으로 넘어가 있다는 것을 알고 있다. 대학을 가야 하는 이유, 특정 대학의 선택 이유가 변해야 한다. 만일 이력서에 대학명을 쓰지 않고 4년제와 2년제 구분과 학과명을 쓴다면 여러분들의 대학 선택은 변하겠는가? 학생들은 4년 동안 대학에서 무엇을 얻기를 원하는지를 학생도, 대학도 다시 생각해 보아야 한다.

2. 대학은 꼭 대학 캠퍼스가 필요할까?

캠퍼스에서 교육해야 한다는 고정관념을 깨버린 학교가 있다. 바로 미네르마 대학교(Minerva University)이다. 미국 아이비리그 출신의 Founder들이 출발점으로 '혁신'이 왜 필요한가를 잘 말해주는 대학이다. 하버드보다 들어가기 어려운 대학으로 알려져 있으며 그만큼 경쟁이 치열하다. 2011년 벤처 기업가 벤 넬슨(Ben Nelson)이 설립하였으며 2014년 첫 입학생 28명으로 개교하였다. 온라인 환경인 ALF(Active Learning Forum) 프로그램을 실행하였다. 100% 온라인 환경으로 진행되고 책, 뉴스, 유튜브, Mooc 등을 통해 지식을 습득하고 학습한다. 특히 토론과 심층학습을 중심으로 운영되며 모든 강의는 20명 이내 학생들의 참여로 시작되고 수업 내용은 데이터로 저장된다. 이는 추후 학생들의 평가, 상담 자료로서 활용된다. 모든 학생들은 기숙사 생활이 원칙이며 1학년은 미국 샌프란시스코, 2학년은 한국의 서울과 인도의 하이데라바드, 3학년은 독일의 베를린과 아르헨티나의 부에노스아이레스, 4학년은 영국 런던과 대만 타이베이에서 생활하고 수업한다. 지원대

사진출처: 미네르바 대학 홈페이지

비 합격률은 2020년에 0.8%로 100명 지원자 중 1명만 합격 가능하다. 미네르바 스쿨은 학생의 수업을 능동적인 태도로 바꾸었다는 평가를 받는다. 또한 LAB(Location Based Assignment)은 지역 기반 과제와 시빅 프로젝트(Civic Project)라는 산학협력은 학생들이 지역사회의 단순 배움에서 그치는 것이 아니라 다양한 경험을 통해 사회의 다양성 속에서 응용력과 융합적 사고를 기르도록 한다. 미네르바 대학에서 4년간 과정을 마치면 캘리포니아사립대인 케트대학원 연구소 KGI대학에서 학위를 받는다. 우리나라에도 이와 비슷한 대학이 있다. 2023년 9월 개교한 태재대학교는 미네르바의 한국형 모델로서 토론중심의 온라인 중심대학이다. 한샘 창업주가 사재 3,000억원을 출연해 만든 대학으로 교육 중심대학이다. 교육의 새로운 시도들로서 온라인 중심과 문제해결을 위한 현장중심으로 나타나고 있다.

국내의 대학교 중 브랜드가 있는 대부분의 대학교는 연구 중심이며 교수의 연구성과가 미래 연구자를 양성하는데 목적이 있어 대부분 연구환경 조성이나 실험실 등에 많은 예산을 투자하고 있다. 지방 대학의 어려움은 교육 중심도 연구 중심도 아닌 어정쩡한 상태로 학교를 운영하여 더욱 발전적인 모습을 볼 수 없기 때문이기도 하다. 국내에서 대학 지원에 '교수의 질'을 보고 대학을 지원하는 학생이 몇 명이나 될까? 선진국들은 지원자들이 전공 분야의 우수 교육 및 연구자들에게 향해 있다. 요즘 국내에서도 병원들이 명의라고 홍보하며 병원의 브랜드를 높이려는 노력들도 이런 부분의 하나이다. 대학들이 교수 개인들이 연구하는 분야별 전문성을 가지고 홍보하는 시대가 되어야 한다. 결국 대학은 높은 연구능력과 학습 전달 능력, 그것이 장점이 되어야 한다.

3. 대학은 4년제, 2.3년제이어야 하나?

대학의 학위과정들은 대개, 2.3년제 아니면 4년제이다. 왜 그럴까? 미국의 유다시티는 대학이 지식산업을 주도한다는 개념하에 현실에 맞는 기술과 이론들을

유다시티 교육 인증서

UDACITY

NANODEGREE PROGRAM

VERIFIED CERTIFICATE OF COMPLETION

Full Stack Web Developer

CERTIFICATE OF COMPLETION

Awarded to

Seok Hwan Kim

SEBASTIAN THRUN
Founder, Udacity

April 10, 2023

Udacity has confirmed participation of this individual in this program. Confirm program confirm.udacity.com/e/9ee05e66-ac02-11ed-a849-3382a79f09a1

사진출처: 유다시티 한국파트너 홈페이지

현장에서 프로그램으로 개발하여 주도한다는 특징이 있다. 기업과 대학교의 문제해결 능력 격차 발생 해소책으로 나온 유다시티-AT&T 단기 교육 프로그램은 6개월에서 1년 이하의 단기 교육내용을 마스터 하는 학위인증 온라인 프로그램으로 되어 있다. 교육 주제는 실리콘밸리 웹 개발, 모바일 웹 개발, 데이터 과학, 머신러닝 등 과목이 증가추세이다. 교육과정은 주문식 교육과정으로 채용 업체의 자문을 받아서 교육과정을 구성한다. 구글, 페이스북, 액센추어, 버라이즌, AT&T, 골드만삭스 등과 채용연계가 되어 있어 인기가 높다. 유다시티 프로그램은 대학, 기업, 해외 사례 공유를 통한 미래 양성을 목표로 삼은 AI 교육 플랫폼이다. 교육 프로그램은 맞춤형 학습이 가능하도록 설계되어 있어 일주일에 약 10시간 정도의 학습 과정으로 수료가 가능하다. 특히 유다시티 나노디그리는 세련된 프리젠테이션과 사용자 수준에 따른 초급, 중급, 고급 단계별 설계, 합리적인 학습 분량을 갖춘 것이 특징이다. 인공지능시대에 유다시티의 교육 프로그램과 방식은 앞으로 현장에서 빠르게 적용할 수 있는 교육 프로그램 과정으로 성장 할 수 있을 것으로 보인다. 국내 대학도 문을 개방해서 사회에서 필요한 교육 프로그램들을 단기적으로 열어주는 것은 지역 문제해결과 기업의 현장 도입이 시급한 과정들로서 주목을 받지 않겠는가?

캐나다의 워터루 대학교(University of Waterloo)는 공립 연구중심대학으로 온타리오주의 워터루에 있다. 5년제인 것이 특징인데 학생들이 1년간 산업 여러 분야의 기업에서 인턴으로 배우는 코압 프로그램(Co-op program)을 운영하고 있다. 이는 1월에서 4월까지 인턴 생활을 하고 돌아와 5월에서 8월은 다시 학교에서 공부하고 9월 새학기에 다시 구직을 하는데, 대부분 일했던 기업에서 다시 불러준다. 강의실에서 배운 내용을 현장에 접목해 실무 경험을 쌓아 추후 취업에 유리하다는 장점이 있다.

4. 대학은 학년별 교육과정이 필수적인가?

대부분의 학교는 입학하면 1학년 입학부터 순차적으로 올라간다. 그런데 학생들의 개개인의 인지능력, 학습능력, 지식수준이 다르다고 생각하는 학교가 있다. 미국 MIT공대 출신 살만 칸은 2014년 칸랩스쿨을 설립하였다. 학교의 모든 구성원은 계층적 학년별로 되어 있다. 칸랩스쿨(Khan Lab School)은 입학 순서가 아니라 개인의 관심과 학습능력에 따라 프로젝트 중심의 수업을 진행한다. 온라인으로 개인의 맞춤형 학습 콘텐츠를 제공하는 개인 맞춤형 수업을 주도하고 오프라인에서는 협업, 창의력, 인성 등의 역량에 따라서 집중 교육을 실시한다. 칸랩스쿨은 '배움의 속도는 누구나 다르다'. 라는 살만 칸의 강력한 교육철학에 있다. '스스로 강점과 약점을 잘 파악하고 자율적인 학습을 통해서 학업 능력과 사회적 역량을 키워 나가는 소통 지향적인 교육을 목표'로 한다.

우리는 간혹 천재라고 표현하며 어린 나이에 맞지 않게 만들어 놓은 교육과정을 뛰어 넘는 사람들을 보곤 한다. 당황스럽게도 교육기관에서 일반적으로 만들어진 교육과정에 학습자를 넣기가 무척 어렵다. 그 이유는 학습자의 능력에 맞춘 교육과정이 없기 때문이다. 이제는 다소 복잡해질지 모르나 학습자 개인의 인지 수준에 따른 자유로운 교육과정들이 필요할 것이다. 따라서 교육 목표는 있고 교육과정은 상담을 통해 학습자 위주의 맞춤 교육과정이 필요하다. 모든 학문이 2.3년, 4년에 끝내야 한다는 법칙은 이제 고려해 볼 필요가 있다.

5. 대학의 교육에 졸업생 재교육 제도가 없다.

대학을 졸업한 지 오래된 직장인이나 사업자는 신기술이나 기술변화를 예측하기 힘들다. 특히 디지털을 활용한 고객 영업, 관리는 더욱 미숙하다. 하루가 다르게 첨단화 되어지는 산업 현장에 적응하려면 예전에 배운 대학의 학습능력을 가지고는 경쟁력이 향상될 수 없는 한계에 봉착한다. 이렇듯 기업 현장에서 실무에 필요한 신기술 등을 위한 대학의 재교육 도입이 필요하다. 몇몇 대학에서 졸업 후 취업 성공을 위한 취업 성공 졸업생 리콜제를 실시하거나 일부 대학들이 기업의 요구에 맞추어 다양한 신기술 강좌를 졸업생을 대상으로 단기간에 실시한 예는 있으나 대학에 교육리콜제가 정기화되거나 정착한 예는 없다. 대학에서는 빠르게 변화되는 기업 현장의 요구를 따라가야 하는 교육들은 전공뿐만 아니라 교양강좌에서도 찾아볼 수 있다. 이제 대학 차원에서 졸업생의 자질과 능력을 현시점에 맞추고 필요한 기업 현장의 요구수준으로 높이는 교육 애프터서비스전략이 필요하다.

III.

어떻게 하면 잘 가르칠 수 있을까?

01. 신 디지털 세대 출현

앞서 말했듯이 학습자는 시대의 발전에 따라서 달라졌다. 경제성장이 필요했던 1964년까지의 베이비부머 세대는 일을 위해 야근과 주말을 반납하고 열심히 일을 한 세대이다. 특히 인간관계를 중시하고 개인의 자기개발을 중시하였다. 1965년부터 1979년까지의 X세대는 인터넷이 등장하고, 삶의 균형 및 취미, 가족을 중시하고 온/오프라인을 경험한 세대이다. 밀레니엄이라 불리는 Y세대는 1980년에서 1995년 태어난 인구로 자기 확신이 강하고 즉흥적인 성격과 상호 공유를 즐긴다. 성공보다 좀 더 의미 있는 일들을 중시하는 경향이 있다. 디지털과 친숙하고 멀티캐스팅에 익숙하다. 1996년에서 2000년대에 태어난 Z 세대는 진정한 디지털 세대로서 구매의 50%를 온라인으로 구매하고 SNS를 자유롭게 활용하며 진정한 디지털 네이티브 세대이다. 독립적이고 합리적 의사결정을 좋아하고 강의실 강의보다 가상공간의 강의를 더 선호하고 짧은 임팩트 강의를 더 선호한다. 대학 교수자들은 세대간의 디지털 기술발전으로 선호하는 강의 타입으로의 전환을 이해하고 교수자들은 학습 목표와 그에 따른 학습방법을 늘 생각하고 강의 전체 계획을 다시 준비해야 한다.

02. 학습목표에 따른 분류

교수자가 강의에 들어가면서 이번 강의는 학습효과를 어디에 두고 진행할지 계획을 가지고 있는가?

1968년 미국의 교육심리학자 벤자민 블룸의 완전학습 모형(Mastery Learning)은 학생을 지도하는 전략의 방향을 제시하였다. 이 모델은 학생이 90%까지 완전한 학습을 해내는 학습 전개 모델이다. 교육환경에서 각 개인이 최적 조건을 가지고 학생들이 주어진 과제의 학습을 완결하도록 돕는 방법을 찾아내는 것이 교수 활동의 임무이다. 교육심리학자인 벤저민 블룸(Benjamin Bloom)은 상위목표와 하위목표를 나누어서 학습 목표를 분류하였다. 교육을 받는 학생들이 교육 후 교육내용을 가지고 어떤 효과가 나타나는지를 살펴보고 수업 준비를 해야한다.

또한 벤자민 블룸은 상위목표를 달성하려면 하위 목표를 달성해야 한다고 주장하고 있다.

벤저민 블룸(Benjamin Bloom) 학습 목표에 따른 분류

자료출처:어떻게 기술이 최고의 인재를 만드는가. 2019

완전학습의 핵심이론은 모든 학습자들이 주어진 시간과 자원을 갖추면 학습 목표를 달성할 수 있다는 가정에 있다.

완전학습을 위한 수업단계를 보면 크게 '본 수업(수업 활동)단계', '수업 후 단계'로 나누어진다.

☷ 완전학습 단계

단 계	내용
본 수업 단계 (수업 활동 단계)	수업 목표의 명시
	수업 활동(본 수업 활동)
	수업 보조 활동(연습, 실습, 실험, 시범)
	형성적 평가에 의한 체계적인 피드백
	보충학습과정
	심화학습과정
	제 2차 학습기회
수업 후 단계	총괄적 평가

강의만으로 끝나지 않고, 강의와 테스트, 피드백이 이루어진다면 블룸 교수가 주장하는 완전학습이 되는 것이다.

03. 플립러닝(Flipped Learning), 블랜디드 러닝(Blended Learning)

어렸을 때 공부를 잘 하려면 예습과 복습을 철저히 해야된다는 애기를 들어봤을 것이다. 공부 방법에 대한 애기다. 그 바탕이 되는 것이 플립러닝 학습법이다.

플립러닝은 강의실 수업 전에 학습자들이 스스로 공부할 수 있는 강의 영상을 온라인으로 제공하고, 강의실에서 동료 학습자들과 함께 문제를 풀거나 더욱 심화된 학습활동을 하게 하는 것이다. (Simon Bates, Ross Galloway)

플립러닝과 블랜디드(Blended Learning)와의 차이는 플립러닝이 블랜디드 런닝의 한 형태이고 플립러닝은 온라인의 선행학습 형태를 가지고 있다. 플립러닝과 블렌디드러닝의 공통점은 교육방법이 혼합, 융합(Blending)이라는 측면에서는 공통점이 있다.

다만 플립러닝의 특징은 첫째 학습의 개인화이다. 학습 내용의 수준에 따라 알맞은 학습속도 조절이 가능하고 본 학습 전의 준비 단계를 경험할 수 있다. 둘째 학습에 대한 스트레스 완화이다. 학습 전 마음의 여유와 준비된 학습환경을 제공한다. 셋째 학습 참여도와 협업증대이다. 본 수업에서는 적

학습효과 피라미드

자료출처: National Traning Laboratory, 필자 수정

극적인 참여를 유도한다. 오프라인에서 교수자의 학습속도를 빨리할 수 있다. 고차원의 능력인 학습 내용을 적용, 분석하는 활동에 초점을 둔다.

1.플립러닝 효과증대 및 방법

플립러닝을 효과적으로 활용하기 위해서는 학습자들이 반드시 온라인 학습을 수강하게 하여야 한다는 전제 조건이 있다. 그리고 학습자들이 학습한 내용을 스스로 요약하게 해야 한다. 마지막으로 학습자들이 학습과 관련된 내용을 질문하게 한다. 필자는 학생들에게 미리 강의 교안을 나누어주고 강의 시간에 질문 2개씩을 가지고 오는 과제를 내주고 있다.

플립러닝 등 좋은 수업방식이 있음에도 잘 실행되지 않는 이유는 퍼실레이팅(Facilitating), 즉 강의 참여자로 하여금 어떻게 질문하고 활동하게 할 수 있을까? 이다. 이 학습법을 수행하기 위한 방법으로는 첫째 워크시트 실습으로 리포트 등을 내주고 이에 대해 작성하고 토론을 시키는 방법이다. 둘째 사례연구로서 몇 가지 사실을 알려주고 이를 기초로 문제를 분석하고 쉬는 시간에 개인 생각을 가지고 오도록 한다. 셋째는 롤플레인으로 P2P런닝 이라고도 한다. 상호역할을 주고 가상 연습을 하고 친구에게 배운 내용을 설명한다. 한번 본인이 설명하거나 발표한 내용은 평생 잊어버리지 않는다. 필자도 대학원에서 발표한 '플라시보 효과의 기적' 제목의 내용을 30년이 지난 지금도 기억하고 있다. 또한 집단실습이 있는데 순번제로 리더 역할을 맡아 현재 팀원들이 자신의 문제를 해결토록 한다. 발표는 주어진 문제를 놓고 형식에 관계없이 짧은 시간에 발표하도록 한다. 그룹토론은 공동의 주제를 두고 정해진 시간에 집단으로 의사결정을 해보는 상황을 부여한다.

2. 블렌디드 러닝

블랜디드 러닝은 온,오프라인의 융합을 통한 시너지 창출로 예컨대 3시간 분량 수업에서 1시간 30분은 온라인으로 1시간 30분은 오프라인으로 강의하는 것이다.

반면 플립러닝은 온,오프라인 결합을 넘어서서 온라인에서는 강의가 전부 진행되고 오프라인 강의실에서 토론과 과제 등에 의존하는 형태의 수업이다. 두가지 모두 학습자 중심의 학습 성취력 제고력에 그 목적이 있다.

IV.

대학의 4차 산업혁명 관련 학과개편 트랜드

01. 대학혁신 지원방안의 7개 혁신 제도

교육부에서도 융합 교육 활성화를 위하여 2019년도에 '학사구조 개편'을 하였고 2023년에도 내용을 발표하였는데 대학 내 학과별, 전공별 경계를 완화하고 다양한 학문 간의 융합학과 설치 운영이 가능하도록 제도를 개선하도록 했다. 이를 위해 대학설립. 운영규정과 고등교육법 시행령을 개정했다. 대학 내 둘 이상의 계열 간 융합학과의 경우 총 정원 일정비율 범위 내 교사, 교원 확보 요건 충족에 예외를 인정하고, 둘 이상 학과, 학부가 제공하는 전공을 이수할 수 있는 학과(학부)의 설치 근거를 마련했다. 또한 대학의 여건과 특성에 맞는 다양한 융합형 학사 조직을 설치할 수 있도록 했다. 대학이 유연한 학사제도를 활용, 운영할 수 있도록 학사제도 개선 사항을 분석하였고 이를 기반으로 한 매뉴얼을 제공하고 학사제도운영 컨설팅을 지원토록 하고 있다.

일반적인 학사제도의 특징을 살펴보면 1) 계절 수업을 정식학기로 인정해 5학기 이상 운영 가능한 '다학기제' 운영 2) 1학년은 진로숙고, 4학년은 취업에 집중할 수 있도록 학년별로 다른 학기를 운영하는 '유연학기제' 운영 3) 1학점 당 15시간 이상을 준수하면 집중 강의와 집중 이수를 허용하는 '집중 이수제' 4) 학과(전공)와 타학과(전공)가 편제정원 없이 새롭게 개설하는 '융합전공제' 5) 학생이 원 소속학과 연계전공, 설계전공, 융합전공 중에서 자유롭게 선택하는 '전공선택제' 등이 있다. 6) 프랜차이즈제도: 국내 대학 승인받은 외국대학이 국내 대학 교육과정 전부를 운영하고 국내 대학 전임교원이 외국대학에서 4분기 1이상 수업의 경우 국내 학위수여 가능하다.

대학혁신 7대 혁신제도

구분	내용
다학기제	대학 자율로 5학기 이상 운영 가능(계절수업 정식학기인정)
유연학기제	학년별 다른 학기 운영(4주, 8주, 15주 등 다양한 모듈형 섹션 가능) 예) 1학년은 학업과 진로를 숙고하여 "오리엔테이션학기", 4학년은 조기취업을 감안한 취업.실습 학기제 등
집중이수제	1학점당 15시간을 준수하면 집중 강의와 집중 이수 허용 학점 취득을 위한 출석기준은 학칙으로 마련
융합전공제	학과(전공)와 학과(전공)가 편제정원 없이 새롭게 개설하는 전공, 학과 통,폐업 없이 소프트웨어적인 방법으로 새로운 전공 개설 가능 A대학 경제학과 학생이 A,B 대학 IT학과 연합 개설 교과목 이수가능
전공선택제	학칙에 정해진 기준에 따라 학생이 원 소속학과 전공.연계전공
학생경험 인정 확대	타 학교. 연구기관. 산업체 등에서 대학(원) 이전에 쌓은 학습경험을 학점으로 인정

자료출처:교육부 자료

이제 국내 대학들도 변화해야 한다. 환경에 적극적으로 적응하지 않으면 살아남기 힘든 시대가 되었다. 그 변화는 학교 내부의 변화 의지와 혁신에서 출발하여야 하며 남들 대학을 따라 하기보다는 대학 내의 특성을 잘 개발해서 운영할 수 있는 인원과 조직을 갖추고 리더가 강하게 추진하여야 한다. 4차산업 혁명 시대의 교육에서 중요한 사항은 지식을 소유하는 것이 아니라 공유한다는 것이다. 그래서 기업의 제품도 여러 전문가가 협심하여 지식을 공유하고 개발하고 기능을 발전시켜 만들듯이 교육도 융합이라는 서로의 전문 분야와 이종의 전문 분야 등이 만나 새로운 전문 분야를 만들 수 있을때 지식의 노마드가 탄생하는 것이다.

02. 국내 대학들의 교육 과정

대부분 미래지향적인 학과들과 첨단 기술중심으로 개편되고 있다.

🏛 경북대학교

학, 석사 5년 과정 융합학과 국내 첫 신설

교육부는 국내 대학에 최초로 도입되는 경북대 융합학과가 조기 정착되고 다른 대학으로 확산될수 있도록 기존 법령 정비와 함께 관련 규정을 마련하였다. 경북대는 1학기에 AI(인공지능), BST(의생명융합), 로봇, 신재생에너지(수소) 등 4개분야 융합학과에 각각 20명 모집을 하고 있다. 융합학과는 학, 석사 연계과정으로 통상 학,석사 학위 과정을 마치는데 6년이 걸리는 것을 1년 단축해 5년(3.5+1.5)만에 학,석사과정을 마치도록 설계되어 있다. 경북대는 이를 신설된 4개 학과를 묶어서 융합대학을 출범시킬 예정이다. 경북대 융합학과 제도는 4차 산업혁명 등 외부 인력 수요에 맞추어 탄력적으로 학과를 신설할 수 있어 대학이 국가와 지역사회 발전에 기여하는 혁신성을 크게 높일 것으로 보인다. 특히 4차산업혁명과 대구시, 경북도의 8대 신성장 산업에 필요한 맞춤형 인재육성을 염두에 두고 신설된 것이다.

🏛 가천대학교

국내 대학 최초로 학부에 '인공지능학과' 개설

가천대는 국내 최초로 인공지능학과를 개설하고 2020년부터 신입생 50명을 선발하고 있다. 인공지능 산업을 선도할 인재를 양성하기 위해 IT 융합대학에 인공지능학과를 신설한 것이다. 인공지능 학과는 1,2학년에서 소프트웨어 코딩, 수학 등 인공지능의 기초를 익힌 뒤 3,4학년에는 인공지능 개요, 컴퓨터 비전(3D비전) 자연어 처리, 로봇공학, 데이터 과학, 기계학습, 딥런닝, 인공지능 애플리케이션 등 심화 과정 커리큘럼을 배운다. 컴퓨터 비전(3D비전), 자연어처리, 기계학습 등 인공지능의 우수한 역량을 갖춘 교수진이 교육을 담당하고 현장에서 필요한 인재를 위해 유수 기업과의 산학과제 연구프로그램 공동 수행, 산업체 인턴프로그램도 운영한다. 인공지능학과와 네이버, IBM, LG전자, 엠로 등 업계 관계자를 대학으로 초청해서 AI학과 준비포럼 등도 하였고 세부 운영 계획을 논의하면서 여기서 나온 의견들을 반영해 학과 커리큘럼 보완해 최종 확정 하였다.

🏛 건국대학교

학과가 아닌 '융합-모듈 클러스터' 도입

건국대는 교과 과정을 학과 단위가 아닌 학생들의 역량, 성과, 전문 분야에 맞게 독립적으로 구성하고 운영하는 '융합-모듈 클러스터를 도입하였다. KU융합과학기술원, 공과대학, 생명과학대 등이 모여서 프라임 신설 학과에서 융합-모듈 클러스터 교육과정을 개발해 운영 중이다. 인공지능(AI) 등 4차산업혁명의 대표적인 첨단기술을 활용할 수 있는 인재를 양성하기 위해 소프트웨어(SW) 교육 혁신도 추진하고 있다. 이에 따라 KU융합과학기술원은 현장실습 과목을 필수로 했고 캡스톤디자인 과목을 모든 학과에 포함했다. 건국대 융합 교육으로 인문학적 가치를 기반으로 설립한 연계전공은 2-3개 학과가 서로 연계해 개설하는 맞춤형 별도 교육 프로그램이다. 휴먼 ICT연계전공, 글로벌 MICE, 인문상담 치유 트랙으로 구성되었으며, 학생들은 자신의 주전공과 함께 이들 연계 전공을 선택해 이수할 수 있다. 휴먼 ICT(정보통신기술)연계전공은 최근 급성장하는 '가상현실, 모바일게임, 빅데이터 관련 미디어 콘텐츠 분야가 중심을 이룬다. 글로벌 MICE 연계 전공은 국가 신성장 동력 사업으로 선정된 회의 산업, 관광산업, 컨벤션 산업, 전시박람회와 이벤트 서비스산업 분야가 중심이다. 인문상담치유 연계전공은 새로운 인간성과 사회상을 모색해온 인문학과 상담치유의 융합을 통해 인문학을 기반으로 상담, 치유사를 양성하는데 초점이 맞추어져 있다.

🏛 남서울대학교

가상증강 현실학과, 첨단 실습실 및 쇼룸 구축

남서울대는 대학가 최초로 대학 내 '4차산업혁신추진단'을 발족하여 4차산업혁명 분야를 총괄해 왔다. 2014년 가상증강현실학과 대학원과정, 2015년 학부 연계전공과정을 신설하고 전문교육 프로그램을 실시할 수 있는 첨단 실습실 및 쇼룸(Show Room)을 구축하였다. 지속적으로 신규장비 등 인프라를 구축해 온 결과 정보통신산업진흥원이 주관하는 '고용계약형 SW석사과정 지원사업'에 선정되기도 하였다. 가상증강현실 연계전공학부는 '수요대응형 이공계 여성 인재 육성사업'에도 선정되었다. I-Cube 등 첨단실습환경을 갖추고 방학기간에도 학생들에게 싱가포르, 캐나다 등 글로벌 인턴십을 통해 해외연수의 기회를 제공하고 있다.

🏛 한양대학교

인텔리전스 컴퓨팅 학부에 데이터 사이언스과 신설

'4차산업혁명 혁신 선도대학'으로 선정된 한양대는 인텔리전스 컴퓨팅학부를 만들고 2020년부터 신입생을 선발하였다. 해당 학과는 빅데이터 시장 확대에 따른 데이터 과학 전문 인력 양성을 위하여 만들어졌고 학생부 종합전형을 통해 20명을 선발한다.

2020년부터 데이터사이언스학과는 학부종합전형으로만 전체인원 20명을 선발하고 있으며 문, 이과 구별 없이 통합적으로 인재를 선발 중이다. 데이터사이언스과는 데이터, AI, 뇌, 심리학 등의 학문이 융합된 커리큘럼으로 학과를 운영한다. 또 단기간에 박사학위를 취득하고 싶은 학생을 위해 학,석,박 연계과정(학사 3.5년+석사1.5년+박사2년=총7년)도 운영 예정이다.

🏛 한국외국어대학교

캠퍼스 전공, 학부 경계를 넘어 글로벌 융복합 교육

한국외대의 글로벌 융복합 교육은 ①LD(Language & Diplomacy)학부,② LT(Language &Trade)학부, ③GBT(Global Business & Technology)학부, ④바이오메디컬공학부 등 융복합 학과와 HIMUN(한국외대 모의 유엔총회) 등 여러 학술 단체에서 이루어진다. 또한 캠퍼스 통합으로 전공과 연계전공이 가능, 학생들은 캠퍼스, 전공, 학부 경계를 넘나드는 융복합 교육을 받을 수 있다.

🏛 한국기술교육대학교

4차산업혁명 시대의 '융, 복합' 담은 스페셜 트랙 개발

2018년부터 대대적으로 교육과정을 개편하였다. 각 전공에는 4차산업혁명 요소기술을 교육할 수 있도록 모두 72개 교과목을 신설, 개편했다. 또한 4차산업혁명 시대의 특징인 융,복합 교육을 위해 핵심 요소기술 기반의 '스페셜 트랙' 5개를 개발하고 그 중 에서 '스마트 팩토리' 'VR,AR' 등 3개 트랙을 시범, 운영하고 있다. 스페셜 트랙은 7-8개의 교과목으로 구성되어 있다. 학생들이 그 중에서 5개 과목과 필수과목인 '빅데이터활용'을 이수할 경우 13-15 학점이 되고 졸업할 때 부전공 수준의 마이크로 디그리(Micro Degree)를 받게 된다. 코리아텍은 학생들의 스페셜트랙 이수를 지원하기 위해 트랙 내 교과목은 최대 10학점까지 전공선택으로 인정받을 수 있게 '융합학과'를 설치해 트랙 교과목을 운영하고 있다.

🏛 인천대학교

기계공학, 컴퓨터를 활용한 전기.전자 융합

인천대 매카트로닉스공학과는 Mechanics(기계공학)와 Electronics(전자공학)의 합성어로 전자공학에서 발전시킨 기술을 기계공학에 적용하는 새로운 학문이다. 메카트로닉스 분야는 산업이 자동화되기 위해 필요한 기계 분야에 컴퓨터를 이용한 전기전자 분야(자동화 생산시스템, 마이크로 머시닝, 지능형 로봇, 반도체, 디스플레이, 지능형 설비, 인공지능, 자동차)를 융합한 모든 분야에 적용한다. 학과에서는 향후 과학 기술의 초소형화, 복합 시스템화 및 디지털화하는 추세에 부합한 제품 개발과 공정 설계 및 생산 등 해법을 제시할 수 있는 능력을 배양한다.

🏛 숭실대학교

전자공학 기술을 기계에 적용하는 '메카트로닉스공학과'

숭실대 유기신소재파이버공학과는 대학가에서도 핫한 융합학과이다. 유기(有機)는 탄소(C)에 들어간 물질을 말하며 유기소재의 적용 분야는 석유화학, 천연화합물, 합성유기소재, 전자재료(반도체, 디스플레이), 생체의약재료(바이오신소재), 기능성 섬유재료, 고분자 신소재, 에너지 신소재 등이다. 이 학과에서는 나노섬유, 스마트 섬유, 방탄섬유, 고기능성 섬유, 광섬유, 의류 및 산업용 섬유 등의 섬유 소재뿐 아니라 비행기 또는 화성탐사선 등에 사용되는 우주 항공용 소재, 인공장기와 같은 의료용 소재, 반도체, 디스플레이, 센서와 같은 정보통신용 소재 분야를 공부한다. 또한 이 소재들을 가공해 제품화 하는 공정 분야, 컬러 산업 분야 등에 대해 연구하고 교육 한다.

🏛 순천향대학교

기업 프로젝트를 통해 산업별 맞춤형 인재 육성하는 'SC'전공

순천향대는 4차산업혁명 시대에 맞는 미래 수요형 인재 양성에 초점을 맞춘 'Student Coperation'(SC) 전공을 개설하였다. 융합 교육을 확대하고 기업과의 프로젝트를 통해 산업별 맞춤형 인재를 육성하기 위해서다. SC전공에는 ①다양한 신약개발을 중점으로 다루는 '의약신소재 SC전공' ②제품기획, 디자인, 인큐베이팅 등 프로젝트를 수행하는 '글로벌디자인경영SC전공' ③퍼스트무버 산업에 필요한 제품의 고도화를 설계, 융합하는 '신뢰성공학 SC전공' ④참여기업과 상업화 SW를 개발하는 '취약점 분석 SC전공' ⑤인테리어 전문가를 양성하고 기업의 취,창업과 연계하는 '인테리어 비즈니스 SC전공'이 있다. SC전공은 기업이 교육과정 설계부터 수업까지 참여해 산업체 맞춤형 교육을 실시한다. 비즈니스 중심의 문제해결능력을 강화하고 사회주문형 '예비기업' 설립을 돕는 것이 목표이다.

결국, 대학들이 환경에 적응하기 위해 유연학제, 학과나 학부 연계, 통합과정을 운영하거나 준비중에 있으며 미래에 유망한 디지털 컨버전스 학과들을 대거 개발하고 있다. 또한 학부와 석사, 박사과정의 연결된 설계로 기간을 단축하고 있고 사회 현장의 요구사항을 철저히 분석하여 교과 과정을 재설계하고 있다. 그러나 단순히 학생들이 새로운 과정에 참여하여 여러 학문의 경계성 없이 듣는 것만으로는 교육 목표를 달성할 수는 없다. 융합과정의 실패는 학생들에게 잘못된 학문의 혼란을 일으킬 수도 있다. 무엇보다도 융합교육은 철저한 교과목 분석, 교양과목으로 융합의 원리 및 융합 현상 등 기초융합 교과 설계를 제안함으로서 기존 교과와 융합교육의 연결고리를 이어줄 필요가 있다. 간혹 교수자들이 단순히 여러학과가 나누어서 수업하는 것이 융합이라 잘못 알고 있는데 여러 학문 분야가 통합되어 새로운 학문을 만드는 것이 융합이다. 앞으로 대학의 융합과정은 실험실적인 시도 등이 많을 것이며 지속적인 교육과정 개발이 필요할 것이다. 대학과 학과에 맞는 융합 교육으로의 변화는 대학의 특성을 잘 반영해야 성공할 수 있다.

V.

급변하는 환경 이해하기

대학의 교육 학습에 변화의 특징 중 하나는 기업과 사회에서 요구되는 '창의력'을 어떻게 가르치는가에 있다. 이는 현재 전국대학에서 운영하는 '캡스톤디자인'과목에서 찾을 수 있다. 캡스톤디자인은 미래 사회에 필요한 제품, 서비스, 계획을 설계하는 디자인 프로그램을 중심으로 수업하는 교육과정이다. 캡스톤디자인의 첫 단계는 아이디어 창출에서 시작된다.

제품이나 서비스의 아이디어에 관한 무언가를 창출하려면 먼저 주변에 일어나는 이슈들을 살펴볼 필요가 있다. 매년 정부에서 발표하는 다음 해의 경제 현황분석이나 예산을 잘 살펴보면 집중적인 산업투자에서 아이디어들을 얻을 수도 있다. 여기서는 현재 여러 분야의 이슈 내용 들을 살펴보기 위해서 카이스트 미래전략 대학원에서 매년 발표되는 이슈들을 살펴보고자 한다.

먼저 사회에 이슈가 될 만한 영역을 7대 변수로 나누었는데 사회, 기술.

환경, 인구, 정치, 경제, 자원에 관한 내용 들을 볼 수 있다. 매년 이 7대 영역을 살펴보면서 우리 주변에 일어나는 일들을 살펴보고 캡스톤디자인에서 문제가 될 것들을 포괄적으로 이해하는 것이 첫 번째 캡스톤디자인 주제를 잡는 것에 도움이 될 수 있다. 문제가 발견되면 해결 솔루션을 찾는 작업에 접근할 수 있는데 문제 발견의 단계가 첫 번째 단계로서 개인, 가족, 지역, 사회, 국가가 안고 있는 불편한 문제들을 정리해 보면서 문제를 정리하고 해결 솔루션들을 찾아볼 수 있다. 이런 과정들이 잘 이루어지면 문제 발견을 통한 캡스톤디자인의 첫 관문이 시작되는 것이다.

변화되는 변수들을 살펴보고 세분화된 분야에서 어떤 아이디어를 찾을 것인가?를 고민해 보고 미래에 어떻게 펼쳐질까를 생각해 본다.

Stepper 구성

7대 변수	세부구성요소
사회 (Society)	문화, 역사,교육, 건강, 복지, 언론/미디어, 통신/교통 인프라,SNS,사회안전, 사회보장, 정보/사생활보호, 게임/오락/관광, 패션/스타일, 정의/평등/신뢰/부패, 사회갈등, 개방성/폐쇄성 등
기술 (Technology)	과학/수학, 공학(전자/기계/화학/생명/재료), 연구개발, 혁신, 지식재산, 창업/벤처, 기술경영, 도시, 정보통신/사이버, 의료/바이오, 국방기술, 교통기술(자동차, 항공기, 선박, 기차, 도로), 사회문 화, 문화기술 등
환경 (Environment)	기후변화/co^2발생, 환경오염(대지, 토양, 수질, 지하수, 해양), 환경보전, 지형/지질, 육지/해양생태계, 생물종 다양성, 공장/토지/해양이용 등
인구 (Population)	인구수, 인구분포(나이, 지역), 노동력, 고용, 실업, 소비, 생산력, 출산, 고령화, 음식, 기아/비만, 주택, 동물(애완/기타) 등
정치 (Politics)	정치체제, 정당, 지배구조, 정치리더십, 법/행정/제도, 시민참여/이해집단, 전략/정책, 국제관계/주변외교(미중일), 남북관계, 영토분쟁, 역사문제, 국방/국가정보/사이버 안보 등
경제 (Economy)	산업구조, 농업/제조업(첨단/일반)/서비스업(전문/단순), 제조/유통/물류, 무역(수출입),금융(화폐, 환율, 증시), 재정, 예산/기획, 보험, 세금, 성장률, GDP/GNP, 빈부차, 생활비 등

7대 변수	세부구성요소
자원 (Resource)	지하자원(광물, 석유, 가스, 석탄, 셰일가스/비전통석유), 에너지(화석, 원자력, 대체/재생), 전기(발전,스마트그리드), 수자원해양자원(대륙붕, 메탄하이드레이트), 에너지 안보 등

자료: 카이스트 미래전략대학원 2020년 Stepper 세부구성요소

관찰과 아이디어 창출

3 PART

VI. 관찰력 키우기

VII. 아이디어 창출

VI. 관찰력 키우기

우리는 아침에 일어나서 다시 잠들 때까지 지속적인 생각에 몰두해 살아간다. 그러나 이 생각의 깊이는 관찰력을 통한 생각의 연결이며 관찰의 깊이를 통해 아이디어를 창출할 수 있다. 관찰엔 일종의 방법들이 존재한다.

1. 일반적인 사물에 새로운 의문을 가져라.

선풍기의 예를 보자. 날개 없는 선풍기가 나왔을 때 두 가지 방향의 탄성이 나왔다. 먼저 이제 어린아이들이 선풍기에 손을 넣어도 다치지 않는다는 문제해결이 되었고 다른 하나는 너무도 간단한 작동에 누구나 생각해 볼 수 있는 구조적 기능에 대한 감탄이었다. 모터를 눕혀 하늘을 보고 위에는 간단한 원형의 바람을 유도할 수 있는 홈이 파진 모형기구를 달았다. 따라서 원형의 기구가 모터로 회전하면서 홈을 통해 한쪽으로 바람을 밀어내는 방식이다. 선풍기의 날개에 손이 다치는 일은 이제 없어진 것이다. 또다른 사례는 먼지

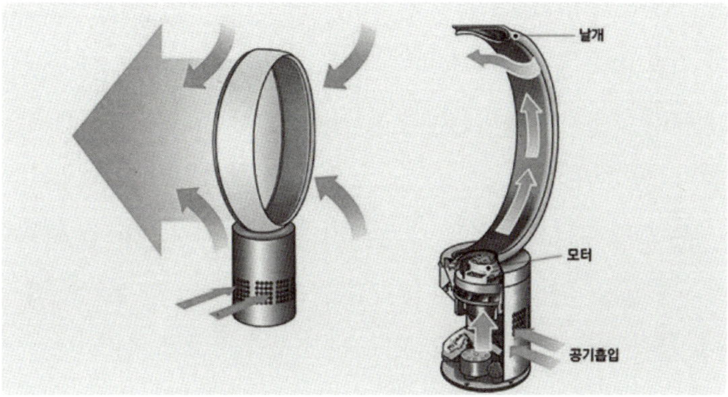

자료출처: 날개 없는 선풍기의 원리 (네이버 지식백과)

봉투 없는 다이슨 무선 청소기이다. 이 제품은 누구나 생각해 낼 수 있는 것으로 많은 전자제품 생산회사에서 시도하지 못했는데 다이슨이 처음으로 시도한 먼지봉투 없는 청소기는 히트를 치게 된다. 사실 제품을 팔고 부품이나 부수적인 제품을 지속적으로 파는 것은 일종의 마케팅 전략으로 청소기 봉투를 별도로 팔아 모델에 따른 제품의 수명주기 등 제품 판매 전략 및 시장조사 차원에서 먼지봉투를 팔아 왔는데 다이슨은 철저히 고객 입장에서 생각하는 전략으로 수정, 경쟁사에 전면으로 도전하여 숙제를 안겨 주었다. 다이슨은 시장에 고객 편의를 위한 제품수정을 통해 제일 먼저 문제를 해결하였다. 제품의 개선이나 서비스의 새로운 개발은 현재 안고 있는 고객의 문제해결에서 출발하면 성공할 확률이 높다.

2. 세밀한 관찰로 남들이 못 보는 것을 보고 남들이 생각 못 한 생각을 하자.

간혹 점심시간에 중식당을 가면 짜장면과 짬뽕의 선택에서 고민을 해 본 적이 있을 것이다. 하나를 선택하고 먹다가 옆 테이블에서 다른 종류의 음식을 보면 저걸 선택할 걸 하는 후회가 들기도 할 것이다. 그래서 착안한 것이 짬

짜면이다. 반은 짜장면이고 반은 짬뽕이다. 고객이 가진 고민을 해소시켜 주는 멋진 전략이다. 간혹 냉면집에서도 일어난다. 비빔냉면과 물냉면의 선택을 위해 어떤 냉면집은 반반냉면이 메뉴에 등장하였다. 이것도 고객을 배려하는 주인장의 전략이다.

우리는 일상에서 마주치는 사물을 잘 기억하지 못한다. 사람들이 아침에 일어나서 잠들 때까지 집에서 엘리베이터, 스마트 폰 등 수백 개의 광고를 접한다고 한다. 미국인들은 하루 평균 5,000개의 광고에 노출된다는 통계치가 있다. 그중에서 사람들은 과연 몇 개의 광고들을 기억할 수 있을까? 헤르만 에빙하우스(Hermann Ebbinghaus)는 뇌가 3개의 기억구조로 이루어지는데 감각기억, 단기기억, 장기기억으로 이를 다중 기억 모형(Multi-storage model)이라 한다. 이 이론은 단순히 물리적으로 기억을 구분하는 것이 아니라 기억구조별로 기능에 있어서 본질적인 차이가 있다는 것이다. 재미있는 것은 감각기억은 용량이 크지만 지속 시간이 0.5초에서 4초 정도로 지극히 짧아서 일반 사람들은 자신이 어떤 정보를 가지고 있는지 인식하지 못한다는 것이다. 본인의 욕구 충족, 목표나 가치 실현과 관련 있는 것들의 대상에 대해서만 기억한다는 것이다.

문은 꼭 네모난 모양이어야 하나? 엘리베이터는 개인용과 다수용으로 구분되어 운영 될수 는 없을까? 이제부터 여러분이 여러 사물들을 관찰하면서 왜 꼭 그럴까? 를 생각하고 변화를 추구한다면 여러분은 이제 창의적 사고가 시작된 것이다. 창의적 사고는 미술작가들도 많은 영감을 가지고 있다.

영국의 앤드류스콧(Andrewscott)은 입체적 화가다. 편집 일러스트와 스트리트 아티스트 작업에서 영감을 받은 작가이며 그의 작품은 캐릭터가 액자와 상호 작용한다거나 그림에 줄을 이용해서 착각을 불러오기도 한다. 앤드류스콧은 혁신적인 예술가로 그의 톡톡한 작품 스타일은 제4의 벽을 깨는 방식으로 유명하다. 이는 극장에서 사용되는 방식인데 캐릭터가 관객이나 카메라를 직접 인식하고 반응하는 것을 의미한다. 스콧은 이 개념을 시각적 예술로 확장하여 그의 작품에 등장하는 인물들이 그들을 둘러싼 액자와 상호작용하게 만들어 표현한다. 예를 들면 그림 속 아이가 새총을 쏘는 모습인데 실질적으로 액자에서는 돌이 맞은 표현을 쓰기 위해 돌 맞은 부분을 실제로 액자를 못을 가지고 깨뜨린 걸 완성한다. 어떤 그림은 액자 한쪽을 부러뜨려 그림은 무너지는 벽을 받치고 있는 그림들, 아이가 타이어 그네를 타는데 실질적으로 그네의 줄을 실로 연결한 것 등 창의적인 생각으로 혁신적 그림을 그리는 작가이다.

또 다른 독특한 작가를 보자.

마우이츠 코르넬리스 에셔(Maurits Cornelis Escher)는 네덜란드 출신의 판화가이자 드로인 작가이다. 그의 그림을 보면 기하학적인 표현과 물리적인 내용 들이 있는데 사실 학교에서 수학과 과학은 잘 못했고 아버지의 과학적 태도와 관찰력을 물려받았다고 한다. 이슬람인의 모자이크에 영감을 받아 반복되는 무늬와 수학적 변환을 이용한 창조적 형태의 테셀레이션, 즉 동일한 모양을 이용해 틈이나 포개짐 없이 평면이나 공간을 완전하게 덮는 것이 특징이다. 그의 작품을 보면 마치 그래픽디자인 프로그램을 사용해 그린 것처럼 매우 세밀한 선들로 이루어져 있다.

자료출처: 문화공간 175, Sky and Water, 1938

빈센트 발(Vincent Bal)의 작가는 조명과 단순 물건들의 조합을 통하여 작품을 전개한다. 벨기에 출신 영화감독 겸 일러스트인 그의 작품은 우연한 기회에 시나리오 작업을 하다가 찻잔에서 코끼리 형태의 그림자를 발견하며 시작되었다고 한다. 그림자 매력에 빠져 '그림자학(Swadowology)라는 말을 지어내고 자신도 셰도우지스트(Shadowlogest)라 부르고 있다. 그가 가장 좋아하는 그림은 '피아노 필러'이다.

자료출처: 한겨레, Shadowology by Vincent Bai, Concerto for piano peeler

3. 실수나 실패를 제품의 다른 시장이나 사용기능 변화를 다시 살펴보자.

우리는 모든 일을 성공과 실패의 두 가지로 결정을 내리곤 한다. 그러나 엄밀히 보면 실패는 성공의 선상에서 살펴보아야 한다. 때로는 실패를 거듭해야 성공할 수 있는 확률이 늘어나는 것이다. 우리가 잘 알고 있는 포스트잇의 개발과정을 예로 보자. 3M이라는 회사는 원래 스카치테이프를 만드는 평범한 회사였다. 3M 연구원이 스펜서실버(Spencer Silver)는 강력한 접착제를 개발 중이었는데 계속 실패하여 떨어지는 접착제를 개발하게 되었다. 스펜서는 같은 동료들에게 실패 사실을 알렸는데 동료인 아트 프라이라는 친구가 용도변경으로 성경책에 목사님의 설교를 적어 적용하니 떨어질 때 잘 떨어지고 자국도 남지 않았다. 이것은 개발의 목적과 용도를 변경하여 적용한 실패를 통한 성공사례를 보여 준다.

영어에 'Serendipity'란 단어를 찾아보면 '뜻밖의 행운'으로 원래 영어단어는 아니고 18세기 영국의 작가 호레이스 월플(Horace Walpole)의 저서 '세렌딥의 세왕자'라는 동화에서 작가가 썼던 말이다. Luck이나 Chance

는 지금은 좋은 것 같아도 결과가 좋지 않을 수 있는데 세렌디피티는 무조건 좋은 결과로 이어진 것이다. '카오스이론의 발견이 있다. 1961년 기상학자인 에드워드 로렌츠(Edward Lorenz)는 우연한 기회에 초기조건이 아주 작은 차이가 나면 나중에 상상도 못 할 만큼 다른 결과가 나온다는 현상을 발견하게 되었다. 어느 날 로렌츠는 기상데이터를 입력할 때 시간을 절약하기 위해 프린터를 하는 쪽과 하지 않는 쪽의 조건으로 0.506과 0.506127로 소수점 이하의 자릿수만 조금 달리하여 입력하였다. 그 후 계산 결과는 놀라웠다. 매우 작은 차이가 증폭되어 결과를 크게 바꾸게 된다는 사실을 알게 되었다.

이를 계기로 경제나 환율 같은 미래의 일은 예측할 수 없다는 이론을 우연히 발견할 수 있었다.

또 다른 예는 플레밍(Alexander Fleming)의 페니실린 발견이다. 세균 뚜껑을 잘 덮어두지 않은 '칠칠치 못한' 행동 때문이었다. 열어진 뚜껑 사이로 우연히 배양기에 날아든 푸른곰팡이 포자가 번식하면서 세균을 죽인 것을 관찰한 플레밍은 푸른곰팡이 성분에 '페니실린'이란 이름을 붙이게 된다.

4. 시각, 후각, 청각, 촉각, 미각의 오감을 적용해 보라.

겨울철 저녁에 집으로 걸어가면서 만두 파는 가게를 지나치다 보면 큰 솥단지 위로 연기가 무럭무럭 나는 것을 볼 수 있다. 갑자기 배고픔에 맛있는 만두가 먹고 싶어진다. 만약에 솥뚜껑을 들기라도 하면 내뿜는 김 속에서 하얀 맛있는 만두가 등장할 것 같은 상상만 하여도 더욱 먹고 싶어진다. 또한 가끔 김빠지는 '치익' 하는 소리는 더욱 우리를 먹고 싶게 한다. 고기집 앞을 지나노라면 고기 굽는 냄새가 가게 앞 후드를 통해 우리의 배고픔을 가중시키면 참을성을 놓치게 되곤 한다. 이런 시각, 후각, 청각, 촉각, 미각 등 오감을 활용하여 제품이나 서비스 창출도 가능하니 아이디어 제품에 좀 더 심도 있는 생각이 필요할 수도 있다.

5. 제품이나 서비스 개발은 불편을 해소하는 방향에서 시작하라.

누구나 사람마다 정도는 다르지만 각자의 불편함을 가지고 있다. 그러나 사람들은 대부분 불편함을 그대로 안고 있으며 해결을 하기 위해 돈을 지불하고 문제를 해결하기 위해 남들이 만든 제품을 사거나 서비스를 활용한다. 모든 자본주의 사회는 자본과 제품이나 서비스의 교환을 통해 서로의 불편성을 해결한다. 만약에 여러분이 주변에서 불편하다는 다수의 의견이 있는 문제해결을 위한 제품이나 서비스를 개발한다면 사업성이 있다고 평가한다. 문제해결이라고 해서 엄청난 주제를 찾을 필요는 없다. 예를들어 주방에서 어머니가 설거지를 할 때 허리가 아프다는 말을 자주 한다. 개수대의 면과 사람 구조상 손은 몸통의 옆에 있고 높이가 있어 몸을 앞으로 숙이고 대부분 설거지를 하는 것이다. 개수대가 평면이 아니고 곡면으로 설계하던지, 높이를 조절할 수 있는 개수대의 설계는 도움이 될 것이다. 다른 사례로서 터널에서 차량의 충돌로 인한 화재가 발생 되면 소방차의 접근이 어려워 대형 화재로 인한 인명사고까지 날수도 있다. 긴 터널의 위쪽에 선로를 통한 대형 화재진압 분말을 커다란 바구니 형태로 넣어두고, 화재가 나면 자동 시스템으로 화재 발화지점으로 이동하여 열어서 순간 대량분말로 불을 끌 수 있다면 하는 상상을 해본다. 화재가 나면 연기로 인하여 발화지점으로의 영상분별이 어려우면 화면의 눈금 조정으로 거리를 조정하며 열감지에 따라 이동할 수 있다.

6. 응용력을 통해 새로운 것의 탄생

남태평양의 밀림에서 생활하는 부족들은 성인식을 위하여 높은 나무에 올라가서 칡을 다리에 묶고 뛰어내리는 성인식을 하고 있다. 이는 용감함과 대범함을 통해서 성인으로서의 대우를 해주는 일종의 의식적 행사이다. 이를 현대인들이 응용해서 번지 점프를 활용하고 있다. 또 다른 예로 스페인 산티아고 순례길을 살펴보자. 순례길은 5개 정도로 순례길 코스 선택에서 시작된다. 가장 많이 선택하는 총길이 800km의 프랑스 길(Camio Frances)로 가면서 순례길 증명서에 도장을 받고 마지막 종착지인 산티아고 대성당까지 도달하는 일정이다. 이를 토대로 국내에서는 소설가 및 언론인인 서명숙이 산티아고 순례길에서 영감을 얻어, 비영리 사단법인 제주올레를 설립하고 자신이 이사장이 되어 추진한 트레킹 코스 개발 사업이 있다. 2011년엔 일본 규슈 관광 추진기구와 업무 협약을 맺고 제주올레 브랜드를 수출까지 하였다.

7. 왜 그럴까? 를 지속적으로 생각하며 사물을 깊게 관찰하라.

호기심을 가지고 사물을 바라보면 남들과 다르게 사물을 볼 수 있다. 생각들의 접근 방법을 다양화하는 여러 방법들은 이 책 뒤에서 아이디어 창출의 방법들을 통하여 새롭게 생각해 볼 수 있다.

오래전에 필자가 프랑스 파리를 방문한 적이 있다. 시간이 남아서 르브루 박물관(Louvre Museum)을 방문하게 되었는데 커다란 유리 성곽 모습으로 보이고 피라미드 형태의 근엄한 건축물은 투명하게 보였다. 파리의 심장이라 부르는 르브루 박물관은 위와는 다르게 밑에는 박물관 넓이가 엄청나다. 시간이 없어 뛰어다니면서 보던 기억이 있는데 그중에서도 레오나르도 다빈치가 그린 불후의 명작, 모나리자는 기대했던 것보다는 작품의 크기가 작았던 기억이 있다. 많은 관광객들과 모나리자 그림 감상을 하고 귀국하였다. 며칠 후 친구를 만나서 파리 르브루 박물간에 가서 모나리자 명작을 본 얘기를 했더니 모나리자의 머릿결이 직모인지, 곱슬머리인지를 물어보는 것이 아닌가? 헐, 내가 본 모나리자의 머릿결이 생각이 전혀 나지 않았다. 중,고등학교 교육받던 시절을 보내면서 모나리자는 특이하게 눈썹이 없던 것으로 고정관념이 깊이 박혀서 파리 르브루 박물관의 현장에서 모나리자의 그림을 감상할 때 역시 눈썹이 진짜 없는지만을 주의 깊게 보고 전체 그림을 감상하지 못한 것이다. 모나리자의 머릿결은 곱슬머리이다. 모든 사물의 관찰은 아이디어의 원천이며 출발점이다. 관찰에 상상력이 펼쳐진다면 틀림없이 훌륭하고 멋진 계획이 이루어지리라.

VII. 아이디어 창출

01. 아이디어 창출 사례

아이디어는 가벼운 생각으로 발견되거나 유추해석, 역발상 등 여러 생각의 방법으로 새롭게 창출된다. 가벼운 생각으로 유추하여 나온 아이디어들을 보면 다음과 같다.

- **롤러 스케이트**: 아이들이 가지고 노는 바퀴 달린 말을 보고 착안함
- **코카콜라 병**: 여자 친구의 주름치마를 연상해서 만듬
- **합판**: 얇게 자른 나무판을 반대로 포개어 접착제로 붙이는 아이디어
- **철조망**: 장미 넝쿨이 있는 곳으로는 양들이 넘어가지 않는 데서 13살 조셉의 생각
- **스카치 테이프**: 풀이 없는 면과 풀이 발린 면이 서로 잘 떨어지면서 투명한 특징

- **X-ray**: 음극선 실험 중 뼈가 정확히 찍히는 빛을 우연히 발견
- **벨로크**: 일명 찍찍이, 사냥 시 우엉 열매가 옷에 잔뜩 달라붙는 현상에서 착상함
- **통조림**: 추운날에 유리병의 음식을 데워서 먹게 되어 우연히 깡통에 반찬을 데워 먹다가 발견

여러분이 좋은 아이디어라고 생각하는 아이템을 떠올려보자. 그리고 아래의 내용 들을 읽으면서 생각을 하다 보면 더 좋은 아이디어를 통해 사업 아이템이 생길 수도 있다. 앨버트 아인슈타인(Albert Einstein)은 '아이디어를 처음 보았을 때 터무니 없어 보이지 않는다면 그 아이디어는 더 이상 기대할 것이 없다'.라고 했다. 처음으로 아이디어를 낼 때는 다른 사람에게 말하기도 부끄럽다고 생각되고 생각의 깊이 조절이 힘들 경우도 있다. 그러나 모든 첫 순간은 어렵게 시작된다. 아이디어는 생각이고 생각을 남들에게 애기 하는 것은 용기가 필요하다.

여기 몇 가지 아이디어 생각의 방법들을 보자.

1. 서로 관계없는 것도 무리하게 맞추어 보아 기능향상 발명이 가능

사물과 사물을 더해보는 발명이나 사물과 방법을 더해보는 방법이 있다. 또는 방법과 방법들을 연계하여 더해보는 발명도 가능하다. 따라서 무엇을 더하면 더 좋은 효과를 나타내는 발명을 할지를 고민해 보는 것이다. 어떤 재료에 성분을 부가해서 발명할 수도 있고 좀 더 시간을 들이면 좋아지는 발명품도 있다. 좀 더 공정과정을 더 두면 좋아지는 발명도 있다. 또 더 강하게 하려면 무엇을 부가시킬까? 어떻게 하면 사회적 가치를 높일 수 있을까? 어떠한 요소를 더 첨가할 수 있을까? 아이디어와 아이디어를 결합하면 좋아질까? 어떤 원리와 원리를 결합한다면? 여러 가지 물건의 기능을 짜 맞춘다면? 여러 물건을 결합해서 쓰면 편리해질까? 여러 재료를 결합해서 한 가지 이상의 특성이 우

수한 발명품이 될까? 여러 가지 물건을 구별하여 분류한 발명은 있는가?

여러 가지 용도를 결합한 발명은 어떨까? 여러 목적과 이론을 결합한 발명, 여러 용도를 결합하는 발명은 어떨까? 사용 용도를 바꾼 사례를 보자. 셀로판 종이가 처음 특허를 받고 나왔을 때 판매를 했지만 인기가 전혀 없었다. 이 셀로판 종이를 팔던 세일즈맨은 결국 빚만 지고 채권자인 빵집 주인에게 셀로판종이를 몰수당했다. 그리고 우연히 빵집 주인은 셀로판 종이를 빵을 포장해서 진열하기 시작했다. 그러자 빵이 잘 팔리기 시작했다. 베일에 싸인 빵이 신비로움을 주면서 미각을 한층 돋구었던 것이다. 또한 위생적이라는 심리적인 효과도 가져다 준다.

2. 자연계의 풍부한 아이디어를 관찰을 통해 찾고 자연의 원리를 활용하는 발명

과거의 좋은 아이디어를 응용하여 발명하는 경우, 좋은 모양, 방법, 포장, 형태를 인용하는 것, 좋은 아이디어와 아이디어를 결합하는 방법, 좋은 아이디어에서 아이디어를 빼는 방법, 좋은 아이디어에서 부분을 대치시키는 방법, 좋은 아이디어에서 첨가하는 발명, 좋은 아이디어에서 다른 용도로 변화하는 발명, 좋은 아이디어에서 모양을 바꾸는 발명 등이 있다. 예를 들어 고양이, 호랑이가 에너지 낭비 없이 달리고, 또한 급히 정지할 수 있는 모습을 잘 관찰해서 동물들 발의 구조에서 힌트를 얻어 스파이크라는 신발이 탄생하였다.

3. 자신의 입장이 아니고 상대방 또는 상대 물건의 입장인 것처럼 바꾸어서 상상해 보자.(입장 전환법)

경제적으로 뛰어난 발명, 혹은 성능을 최대한 한 발명, 효과를 최대로 한 발명, 용도를 다양하게 한 발명, 편리하고 위생적으로 한 발명, 위험하지 않도록 한 발명, 고장과 불량품을 적게 하는 발명, 이동이 쉽게 하는 발명, 즐겁게 해주는 발명, 멋과 호기심을 만족해주는 발명, 환경오염을 줄이는 발명, 건강에 도움을 주는 발명 등이 있을 수 있다. 예를 들어 일본에서 한 아이의 엄마가 자신의 아기가 머리가 납작한 베개 때문에 납작한 머리가 되는 것을 보고 방지하기 위해서 도너츠형 베게를 발명하였다. 또한 전화기를 가지고 입장 전환법으로 발명된 것을 보면 노인의 입장에서 노인의 특징이 시력, 청력, 근력이 떨어진다는 아이디어로 숫자 버튼이 큰 전화기, 숫자 버튼의 숫자와 보색대비가 확실한 전화기, 가벼운 재질로 만든 전화기, 음성 버튼 전화기, 야광처리 전화기, 보청 기능 헤드폰 전화기, 음성인식 전화기 등을 생각해 볼 수 있다.

4. 색깔 있는 발상, 혹은 색이 없는 발상을 해보자.

빨간 짜장, 면도날 색깔 변화(질레트) , 카멜레온 페인트(화성산업), 온도변화로 신선도를 알려주는 우유병, 색깔이 변하는 모자(혈압상승 시), 부패 정도를 알려주는 알루미늄 팩으로 고기의 신선도를 알려준다. 김치가 익어가는 정도를 알려주는 김치 저장고, 가톨릭관동대의 원성권 교수는 커피의 본래 맛과 향은 그대로면서 커피를 무색으로 만들어 특허를 내었으며 거꾸로 여러가지 색으로 커피색을 변화할 수도 있는 생각을 하였다.

5. 환경 트랜드에 맞는 제품개발 아이디어

필자는 10년 전, IT 회사를 운영하고 있었는데 하나의 제품개발을 직원들과 협의하게 되었다. 당시 이명박 대통령이 '저탄소 녹색성장' 정책을 추진하고 있었는데 사무실에서 전기를 아낄 수 있는 것이 무얼까를 생각하다가 가장 전기를 많이 사용되는 것은 컴퓨터라는 것을 알게 되었다. 대부분 직장인들이 컴퓨터 사용을 하다가 회의를 가거나 휴식을 위해 자리 이동 시 컴퓨터를 끄지 않고 움직인다는 것을 알았다. 소수도 아니고 많은 사람들이 대부분 같은 행동을 한다는 사실을 알게 되었다. 문제는 발견되었으니 개선할 방법을 찾아야 했다. 컴퓨터에 연결된 마우스를 활용하는 방법을 찾게 되었다. 마우스에 버튼을 달

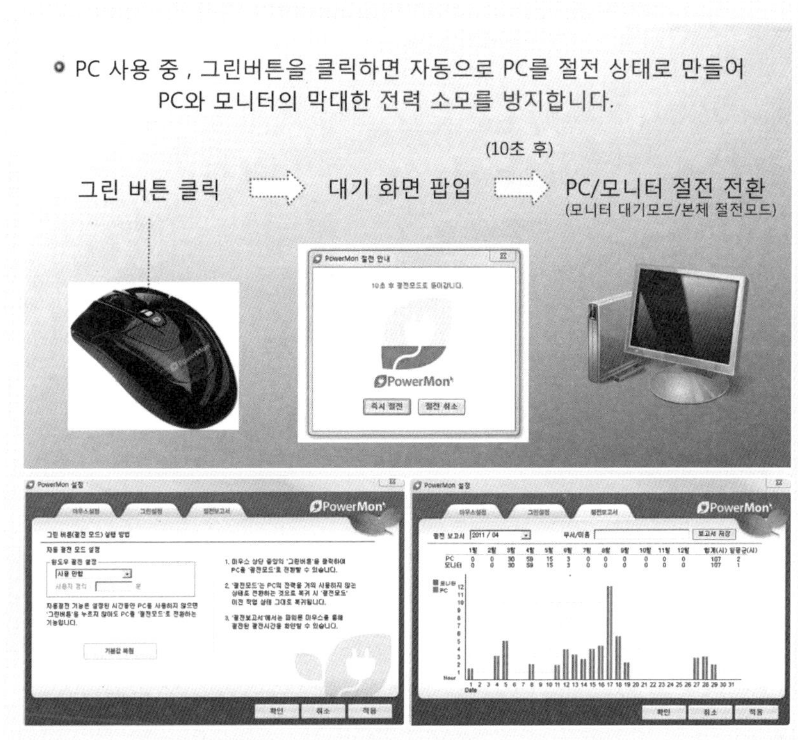

아서 버튼을 누르던지 아니면 시간을 세팅해 놓아서 일정 시간이 되면 컴퓨터가 슬립모드화 되게 한 것이다. 제품을 구상하면서 전기절약이라는 행동유발을 위해 마우스 버튼을 누르면 작은 비프음이 나서 소리로서 인식하는 행동 패턴을 구상하게 되었다. 그러면 전기절약의 성과는 어떻게 알 수 있을까? 결국 사용 효과를 알 수 있는 소프트웨어를 개발하게 되었다. 개인 PC에 소프트웨어를 적용해서 사용하게 되면 월별, 날짜별 전기절약 사용시간이 나오고 그래프로 표시되면서 전기절감 전력량, 전기절약이 금액으로 환산되고 나무심기 효과 대비하여 얼마나 도움이 되었는지를 알게 하였다. 만약에 서버 버전을 개발하였다면 회사 전체의 전기절약 사용량을 알 수 있다.

사업화와 차별화를 부각시키기 위해 특허를 출원해서 1년 후 특허 등록을 하였고 제품에 대한 녹색인증을 받았다. 녹색인증은 '저탄소 녹색성장 기본법'에 의거하여 기술의 기술성, 녹색성, 시장성을 평가하여 그 당시 지식경제부 장관이 인증하는 제도였다. 특히 녹색성 부문에서 일정비율 이상의 절감효과가 검증되어야만 녹색인증이 부여되었다. 절전소프트웨어는 저작권협회에 프로그램을 등록하여 소프트웨어 저작권의 보호를 받았다. 제품생산은 중국에 공장을 둔 한국업체에 의뢰하였고 하드웨어의 개선은 별도 외주업체와 파트너 계약을 체결하였다.

생산 준비가 되고 신제품 출시 시점에 에너지관리공단에서 공모한 아이디어 경진대회에서 최우수로 지식경제부 장관상을 수상하고 며칠 후 중소기업청장상으로 그린상을 수상하게 되었다. 그러나 대중적인 상을 수상한 것과 시장의 평가는 다르다. 큰 상을 받았다고 사업이 잘 될 것이라는 생각은 착각이다. 냉정한 '시장의 평가'가 기다리고 있었다. 중소기업에서 상을 받은 것은 홍보 활용은 잘 되지만 제품 판매로 연계 시키기 위한 별도의 전략이 필요하다. 마우스는 컴퓨터의 하나의 부속제품이다. 그래서 컴퓨터 판매사와의 연계도 있고 독립적으로 특수기능을 가지고 있어서 제품을 선호하는 매니아층도 있다. 기관이나 단체 등 에너지 절감기관에 영업을 진행 하였다.

지식경제부 장관상

중소기업청장상

-2012년 6월 에너지관리공단 "절전 명품"최우수 지식경제부장관대상 수상
-2012년 6월 제 10회 대한민국 환경대상 중소기업청장상 수상

녹색기술 인증서

인증번호 : 제 GT-11-00282호

등록번호 : T040401

「저탄소 녹색성장 기본법」 제32조 및 「녹색인증제 운영요령」 제27조에 의거하여 위의 기술을 녹색기술로 인증합니다.

인증일자 : 2011.12.22

유효기간 : 2011.12.22 ~ 2013.12.21

지 식 경 제 부 장 관

녹색인증

KC인증

특 허 증

국내특허등록/국제 특허출원

- 녹색인증은 '저탄소 녹색성장 기본법'에 의거하여 기술의 기술성, 녹색성, 시장성을 평가하여 지식경제부 장관이 인증하는 인증제도이다.
  특히 녹색성 부분에서 일정 비율 이상의 절감효과가 검증되어야만 녹색인증이 부여된다.
- 한국저작권 위원회 프로그램 등록

수상을 계기로 여론과 광고에 집중하였다. TV 방송에 출연하고 여러 잡지에 나오게 되고 신문 기사화되고 온라인에도 나오게 되었다. 보급을 위해 지사들을 모집하고 컴퓨터 회사와 제휴도 하였다. 결국에는 생산재고까지 모두 소진하였다. 사업의 주 아이템은 아니었지만 짧지만 강렬한 경험이었다. 중소기업이 아이디어로 아이템을 개발하고 브랜드를 만들고 마케팅을 통해 판매까지 직접 한다는 것이 어렵다는 교훈도 얻었다.

02. 사회변화에 따라 나타나는 새로운 직업들에 대한 새로운 생각

기술의 발전과 사회적인 성숙도에 따라서 직업들도 변화가 일어난다. 특히 한국도 선진국으로 갈수록 수명이 늘어나 고령화 인구가 많아지고 있으며 일자리는 기계, 자동화가 많아지고 젊은 청소년층이 줄어드는 현상이 가파르게 나타나고 있다. 앞으로 대학은 전공이라는 영역보다는 직업을 목표로 기술들의 습득 과정들이 많이 생겨나고 2년, 4년이라는 물리적 시간을 넘어 기술 습득 시간이 개인별로 자유롭게 주어질 것이다. 특히 대학이라는 경로 이외의 여러 다양한 경로를 통해 지식의 습득들이 이루어질 것이다. 이는 사회적인 변화 추세에 맞추어 서서히 대학 본래의 모습들이 변화될 것이며 그에 따른 새로운 교육 변화 추세에 맞추어 새로운 직업이 나타날 것이다. 여기서는 직업의 변화 과정으로 한국고용정보원에서 2023년도 발표한 향후 10년 후 나타날 '2029년 한국직업전망'에서 10대 트렌드를 살펴보면 다음과 같다.

❶ 엔지니어 및 전문적인 고용 증가, 전문화로 엔지니어가 대우받는 시대가 온다.

❷ 환경 및 신,재생에너지 관련 직종의 고용이 증가 되어 환경, 기후 등이 중요 해진다.

❸ 창조산업 관련 직종의 고용 증가로 변화를 관리하고 새로운 것을 추구한다.

❹ 미용 및 건강 관련 직종 증가로 건강 관련 산업이 커지고 피부, 미용 관심이 커짐

❺ 안전과 치안, 보안 관련 직종의 고용 증가로 개인의 보안, 치안 관련 시장이 커짐

❻ 개인 서비스 및 반려동물 관련 직종의 고용 증가, 전문화로 반려동물 인구 증가함

❼ 저출산 및 고령화 증가로 출산에 대한 지원이 많아지고 고령 관련 제품들이 증가

❽ 온라인 거래 및 교류 방식의 확산에 따른 관련된 세분화된 직업구조 변화가 온다.

❾ 3D직종의 근로자 고령화와 청년층 취업 기피로 인력난이 더욱 가중 된다.

캡스톤디자인 수업

4 PART

VIII.

캡스톤디자인 스케치

01. 캡스톤디자인 / 융합 캡스톤디자인

1. 캡스톤디자인

캡스톤디자인(Capstone Design)이란 전공 계열 학생이 실제 현장에서 부딪히는 문제를 해결할 수 있도록 학부과정 동안 배운 이론을 토대로 작품을 기획, 설계, 제작하는 전 과정을 경험하게 하는 교육과정을 뜻한다. 산업현장의 수요에 적합한 기술인력 양성을 위한 프로그램으로 "창의적 종합설계"라고도 한다. 미리 배우는 실전 연습을 하는 수업이다.

2. 융합캡스톤디자인

융합의 사전적 의미는 녹아서 하나가 되는 것이다. 독립적으로 존재하던 개체들(학문,예술, 기술, 제품이나 서비스)등의 화학적 결합을 통해서 가치가 커진 새로운 서비스나 개체를 창조하는 것이다. 성균관대학교의 이정모교수는 '학문분야에서 인문, 사회과학과 자연과학 등으로 분류하여 온 종래의 분류법을 당연하다고 여긴다면 40년간이나 시대에 뒤진 학문관을 가지고 있다'고 했다. 그리고 '과학기술의 개념을 물리학, 생물학, 화학, 기계공학 등의 물질 중심의 과학기술관을 생각하고 있는 사람은 30년이나 과학기술 분야에서 뒤진 사람이다'. 라고 했다. 대학 입학 시 문과 이과로 구분하는 것은 어찌 보면 우리의 학문 세계를 한쪽 공간에 가두어 두는 것이다.

만약에 아직도 자신만의 영역에 사고를 묶어두는 사람은 지난 반세기 동안 일어난 과학적으로 보는 틀(패러다임)의 다양한 변화된 인식을 못하기 때문이다.

'자연을 하나'로 보는 대전제라면 자연 자체가 여러 가지로 분할된 것이 아니고 자연 자체는 분할되지 않은 전체의 하나이기 때문이다. 융합적 설명을 위하여 과학기술적 특징을 보면 20세기 중반까지는 편하게 먹고 살기였다. 즉 인간에게 유용한 물질과 기계의 연구개발이 강조 된 물질, 기계 중심시대였다. 20세기 중반 이후는 건강하게 살기이다. 결국 물질,기계에 정보 그리고 생명 중심의 과학기술단계이다. 21세기는 편하고 오래 살아서 무얼할까? 물질,기계,정보,생명,철학, 컴퓨터 등등 중심의 융합기술로 변화되었기 때문이다. 미생물에서 동물로, 동물에서 현대 인간으로의 생물학적 진화는 멈추어 버렸다. 인간이 기대하는 진화의 변화는 인간의 객관적 도구로서 생성된 인공물과 공진화(다른 종의 유전적 변화에 맞대응하여 일어나는 종)의 변화만 남았다.

융합이 자연스럽게 나오게 된 배경은 현실문제가 복잡성 심화에 있는데 우주개발 분야의 증대, 환경보존의 문제 등이다. 또한 기업의 입장에서는 경쟁이 심화되고 기존 기술의 한계성들이 나오게 되고 소비자들의 요구는 더욱 커지고 있다는 점이다.

융합기술들은 인간의 한계를 초월할 수 있는 기회를 주고 사회문제 해결을 통해 인간 생활 수준을 향상시키고 지속적인 경제적 부를 창출하는 데 있다. 따라서 학문 간의 융합교육과 연구는 융합형 인재를 양성하고 개발된 융합기술을 통해 다양한 융합제품들을 생산, 보급하는데 기여할 것이다.

융합캡스톤디자인은 미래 산업을 주제로 학생들이 다학제 팀을 구성하여 스스로 아이디어를 도출하고 교수와 전문위원들의 도움을 받아 프로토타입을 완성, 시제품까지 제작하는 수업이다. 이 수업의 목표는 산업현장의 수요에 적합한 제품을 창의적으로 설계하고, 문제를 해결할 수 있는 능력뿐만 아니라 다학제 간 기술융합사고, 지식을 갖춘 창조적인 인재를 양성하고자 하는 것이다. 융합연구는 다양한 형태를 가지고 있는데 학제간의 협동연구, 융합연구, 복합연구, 통합연구로 분류될 수 있다.

다양한 융합연구

구 분	내 용
학제간 협동연구	다양한 전공분야들이 주제를 하나로 정하고 각 전공 분야를 나누어서 연구 한 후에 전체를 하나로 통합하는 방식
융합연구	각 전공 분야가 특정한 주제와 과제를 해결하기 위해서 하나의 연구로 수렴되는 방식으로 새로운 복합적 전공이 탄생할 수 있음
복합연구	각각의 전공 분야가 하나로 융합되지 않고 각각 전공의 특성을 복합적으로 전체의 구성 성분으로 유지되는 방식의 연구
통합연구	복합연구가 유기적으로 통일체를 이룰 때 통합적 연구라 함

융합 수업과정을 위해서는 여러 가지 단계적 절차가 필요하다.

먼저 융합교육과정의 목표를 설정하여야 한다.

융합교육과정을 통해 교육 목표와 교육과정등의 융합이 가능한지 검토가 필요하다.

두 번째는 교육과정 융합의 범위 설정과 수준을 결정하여야 한다.

교육 범위와 수준에 따라서 융합 수업의 적합한 모듈설정과 수업의 과정 설계가 가능하다.

세 번째는 융합 교과목 간의 수평적 내용과 수직적 사고 융합을 동시에 고려해 보아야 한다. 수업의 성과, 내용, 주제의 순서, 주제별 교수 방법론, 평가 방법등을 정해야 한다.

넷째는 각각의 주제에 대한 학습목표를 설정하여야 한다.

학습성취, 평가와 관련해서 어느 정도 구체화하여 수준을 정할지 결정하는 것이 결국 수업에 대한 지식, 기술, 태도를 결정하게 된다.

다섯째는 설정된 학습성과에 따라서 교과목 내용을 선정하고, 주제를 선정하게 된다. 교수자들은 서로 다른 학문의 영역을 어떻게 의미 있게 연결할지를 고려하게 된다.

여섯째는 계획된 융합 수업을 체계적으로 운영하기 위해 전체 강의 시간표를 작성하여 적합한 수업의 시간과 주제 순서, 강의 방법을 결정한다.

3. 캡스톤디자인과 융합 캡스톤디자인의 비교

캡스톤디자인과 융합캡스톤디자인과의 비교 내용은 다음과 같다.

구분	캡스톤디자인	융합캡스톤디자인
팀 구성	특정 공학계열학과	계열구분 없는 다학제(인문+디자인+IT 등)
수용범위	특정적 수요(특정분야 및 기술)	범용적 수용(다양성, 융합)

02. 캡스톤디자인의 유형

대학마다 캡스톤디자인 유형을 다르게 제시하고 있다. 학과 특성과 캡스톤디자인의 목적에 따른 분류를 통해서 학생들이 많은 아이디어를 제안해 주는 것을 원하는 학교 입장에서는 학생들의 참여율을 높이고 좋은 아이디어들이 나올 수 있도록 안내하고 있으며 또 캡스톤디자인 교내 경진대회에서 목적을 구분해 진행할 수 있도록 분류하고 있다.

☷ 캡스톤디자인 유형

유형	내용
현장실습 연계형	현장실습기관의 애로기술 해결실습기관에서 부여하는 프로젝트 팀 단위로 수행하는 소규모 연구활동
창업 연계형	캡스톤디자인을통해 창업 아이템을 발굴하여 창업까지 이어지는 프로젝트 수행
산학 연계형 (기업기술 해결형)	산업체의 애로기술 해결 및 산업체와 공동으로 진행하는 프로젝트 진행
전공 심화형	대학에서 배운 전공지식을 활동 하여 전공분야와 관련한 소규모 프로젝트 진행
지역발전 공익형	창의적 아이디어를 통해 지역사회 발전에 도움이 되는 공익프로젝트 진행
국내 정부지원사업	정부지원 프로젝트
자율 프로젝트형(일반형)	창의적 아이디어 발굴을 통한 자율적인 프로젝트 진행
해외 연계형	해외 대학 혹은 기업 등 현지 문제해결형
해외 정부지원사업	ODA, 국제협력선도대학 등 정부 지원사업

*학교마다 유형이 다를 수 있음

03. 캡스톤디자인의 지원 연계성

캡스톤디자인은 캡스톤디자인 과정에서 끝나는 것이 아니고 학교의 여러 지원 형태와 연계되어 지속적인 지원 프로그램들이 있어야 빛을 발할 수 있다.

❶ **교육지원:** 캡스톤디자인에 관련된 강좌들, 예를 들어 캡스톤디자인에 참여하는 팀들의 팀장들만 참여하는 리더십 과정, 아이디어 창출을 위한 전문가 강의, 지식재산 관련된 전문 강의 등이 필요하다.

❷ **사업화 지원:** 캡스톤디자인을 통해 얻게 되는 특허지원, 전문가나 교수, 외부 컨설던트 등의 멘토링 지원, 경영이나 기술관련 자문위원들의 지원 프로그램도 필요하다.

❸ **성장지원**: 좀 더 정교한 R&d 지원, 창업을 한다면 창업공간, 교외 경진대회 연계, 외부 창업자금 지원 등 창업이나 제품화하는 지원이 필요하다.

04. 캡스톤디자인 과목 목적 및 팀원의 역할

캡스톤디자인 과목은 전국에 있는 2/3년제, 4년제 모든 전공과목에서 추진되고 있으며 더욱 확장되고 있다. 학년간 통합하여 팀 리더스 과정이 어루어지는데 이를 통해 실질적으로 기업에서 팀장제로 조직문화 및 회의, 문제 발견, 문제해결을 위한 주어진 기간 내 해결 등 실질적인 기업에서처럼 같은 내용으로 진행되고 있으며 실험적인 프로젝트들이 진행되어 꾸준히 성과를 내고 있다. 캡스톤디자인의 목적과 팀의 역할 등을 살펴보면 다음과 같다.

1. 목적

목 적	내 용
다학제 관점의 이해	이질적인 학문에 대한 상호이해 및 협력의 능력
통합적 사고와 분석 능력	다학제적인 사고와 현상 분석을 통하여 통합적 작업 수행능력
미래예측 능력	이론과 기술의복합적 이해를 통한 미래 방향성 예측 능력
협동 학습능력	프로젝트 수행을 통한 협동 학습 능력
고차원적 성찰 능력	융합적 관점을 중심으로 개인과 사회, 환경과 문화에 대한 고차적 성찰 능력

2. 캡스톤디자인 팀 역할의 예

전 공	내 용
디자인학 전공	사용자 경험 시나리오 작성
인문학 전공	서비스 디자인 계획
이공학 전공	시스템 및 서비스 설계 및 프로그램 개발
경영학 전공	지속 가능성 및 비즈니스 요소

05. 캡스톤디자인의 팀 운영의 핵심

캡스톤디자인은 한 기업 소속의 작은 단위로서 가상적 조직운영 형태를 갖추고 있다. 그래서 대부분 팀이라 하면 친구, 후배, 선배들로 구성된 캡스톤디자인 구성원들이 마치 회사의 동료처럼 조직을 갖추고 실질적으로 회사에서 운영하는 팀처럼 움직이는 것이 중요하다. 회사처럼 움직이기 위해서는 그만큼 팀장의 주도적 역할이 매우 중요하다.

1. 창의적 아이템 발굴을 위한 분위기 조성

팀원들이 서로가 아이디어에 대한 호기심과 반응이 있어야 창의적이고 훌륭한 아이디어들이 나올 수 있다. 팀장은 팀원들이 생각하고 고민하고 최대한 많은 아이디어들을 낼 수 있도록 분위기를 유도하여야 한다.

2. 캡스톤디자인의 유형에 따라 가능성을 생각해야 한다.

사업화는 제품이나 서비스를 통하여 수익이 창출되어야 하며 프로젝트가 공공성에서도 문제가 없고 피해자가 없어야 한다. 따라서 사업의 방향도 목표 고객을 잡아야 되지만 거기에 따른 또 다른 피해 집단이 있어서는 안된다.

3. 캡스톤디자인은 팀제로서 조직의 화합이 중요하다.

캡스톤디자인은 팀장의 리더로서 역할도 있지만 팀원으로서 역할들도 있고 소단위의 업무 역할도 주어지기 때문에 작은 책임 범위가 팀 전체에 미치는 영향이 크다. 특히 한 팀원의 업무가 끝나야 다른 업무가 일을 추진, 완성할 수도 있고 처음부터 소단위의 협심을 통하여 이루는 업무도 있을 수 있다. 리더로서 일하는 법, 팀원으로서 일하는 법, 기술을 배우는 기회, 소수 의견도 협의하는 법, 내 주장을 여러 사람 앞에 얘기 하는 법, 타협하는 법 등을 배울 수 있는 소중한 기회이다.

4. 기업의 용역 대행 프로젝트는 수요 기업과의 연결 모색

수요기업의 발굴, 협력회사와의 협업, 프로젝트 수행에 따른 이익의 분할 등 외부 기업과의 연계부분에서의 원활한 업무 진행을 위한 계획들이 필요하다.

5.창업하는 자세로

실질적으로 캡스톤디자인을 통해서 아이디어를 아이템으로 만들고 특허를 출원, 등록하고 사업화시키는 경우가 있다. 처음부터 창업하는 마음가짐으로 추진한다면 캡스톤디자인 과정을 넘어서 귀중한 꿈을 이룰 수도 있다.

6.캡스톤디자인 과정의 평가

캡스톤디자인은 프로젝트를 학생들이 실질적으로 아이디어를 내고 일정 내에 성과에 대한 결과를 달성하는 것이다. 그러나 짧은 시간 내에 마무리를 한다는 것은 경험 없는 학생들에게는 대단히 어려운 일이다. 어찌 보면 결과보다는 프로젝트의 진행사항인 과정이 더욱 중요한 일이 된다. 처음으로 학교에서 스스로에게 주어진 사명들을 스스로 목표와 계획을 하고 추진한다는 것은 어려움이 많을 것이다. 그러나 회사처럼 자율적인 규칙을 정하고 준수하며 진행한다면 팀원의 협력으로 어려움도 극복할 수 있다. 회의 시간 준수부터 의결권 행사, 리더와 동료에 대한 평가, 팀워크 평가 등을 거치면서 잘된 점과 잘못된 점, 그리고 어려울 때 극복과정들이 캡스톤디자인을 통해 얻게 되는 성과의 핵심이 된다.

06. 캡스톤디자인의 3가지 영역

❶ **행동영역**: 캡스톤디자인은 팀제운영으로 회의를 하고 아이디어를 창출하고 맡은 업무를 위해 개발을 하여 제품이나 서비스를 창출하는 행동영역이 있다.

❷ **학습영역**:학교에서 배운 전공이나 관련 기술들을 활용하고 필요한 기술들이 내부에 없을때 외부에서 조달을 통해 배운 이론들을 직접 실습하여 사회에서의 가능성을 확인해 보는 학습영역이 있다.

❸ **관리영역**:조직을 구성하고 직무분석을 통해 업무를 개인에게 분업해 주고, 팀원들의 갈등을 해소하여 지속적인 운영, 관리가 이루어질 수 있게 한다. 또한 목표를 달성하기 위해 자금을 활용해서 성과에 이룰 수 있도록 하고 자금 정산을 통해 프로젝트를 마무리 할 수 있게 한다.

07. 캡스톤디자인 수업을 통해 학생 개인이 얻게 되는 것들

1.철저한 자기관리를 위해

학교생활을 하다 보면 시간 관리나 계획적인 일들을 잘 관리하지 못한다. 창의적인 팀제 활동을 통해서 자기관리를 하고 책임에 대해서 일도 하게 되고 본인이 가지고 있는 잠재능력도 개발하게 되고 팀원들과의 감정관리, 협력관계 등을 배울 수 있다.

2.진로선택

캡스톤디자인은 전공이나 교양과목이 아니고 자신이 팀에 협력해서 이루어가는 협업 수업이다. 간혹 캡스톤디자인에 집중해서 창업을 선택하는 학생들도 있다. 자신의 흥미와 적성을 찾게 되고 창업을 진로로 선택하게 되는 것이다. 팀에서 1-2명이 집중해서 나가다 보면 전체 팀원들이 동조하게 되고 좋은 결과들을 이룰 수 있다. 학교에서는 캡스톤디자인에서 나오는 결과들로 창업하는 학생들을 위한 창업지원 프로그램으로 연계될 수 있도록 관리하여야 한다.

3. 공동체 활동 경험

캡스톤디자인에서 가장 큰 소득은 공동체 경험이다. 사회에서 공동체 생활을 잘 하는 사람들은 사회생활을 잘 한다고 표현한다. 학생들은 여지껏 학교에서 리포트 제출을 위한 공동체 경험을 할 텐데 제품이나 서비스를 위한 공동체 구성은 처음일 것이다. 이를 통해 학생들이 여러 사람의 관계 속에서 일어나는 장, 단점을 배우고 경험하는 것은 사회에 나가기 전에 좋은 기회의 경험이 될 수 있다.

4. 부모나 형제에서 벗어나 자립과 독립적인 사고를 한다.

대부분 고등학교를 졸업을 하고 대학에 들어와 아직도 많은 학생들이 경제적이든 생활 부분에서 부모의 보호 아래 학교를 다니고 있다. 캡스톤디자인 수업을 통해 혼자서 생각 해보고, 결정도 해 보고, 목표된 기간 안에 끝내기도 해보고, 결과를 이루어 내는 과정에서 어른으로의 성장을 경험할 수 있다.

5. 자신감을 갖는다.

자신감은 대단히 중요하다. 실패할까 봐 시작하지 못하는 일들이 너무도 많기 때문이다. 대학에 들어오면 수동적인 태도들을 많이 보이는데 능동적인 생활과 경험이 부족했기 때문이다. 따라서 학생들이 스스로 결정해서 이루어 내는 경험들은 매우 중요하다. 스스로 무엇을 할수 있다는 자신감을 얻을 수 있는 수업이 캡스톤디자인이다. 이를 통해 용기를 얻고 또 다른 도전이 이루어진다면 더없이 좋은 일이다. 특히 작은 일에 대한 성공은 자신감을 더욱 배가시켜준다.

6. 비전을 갖는다.

꿈과 야망이 있다는 것은 '비전을 가지고 있다'라고 표현될 수 있다. 이는 적극적이고 긍정적인 행동으로 이어져 모든 일에 계획적인 비전을 실천할 수 있다.

7. 강한 열정을 가지게 한다.

캡스톤디자인 수업은 스스로 동기화할 수 있고 가치를 부여할 수 있다. 그리고 일관성이 있는 자신감을 갖을 수 있다. 흥미를 가지고 일에 집중적으로 몰입할 수 있고 스스로의 열정을 발견할 수도 있다.

8. 원칙에 따라 행동한다.

할 것과 하지 말아야 할 것을 구분할 수 있고 소신에 따라 행동할 수 있다. 원칙을 지키며 일관된 생활을 할 수 있다. 또한 상대를 존중하는 마음을 갖게된다.

9. 나눔을 실천한다.

기증, 봉사 활동을 통해 섬김 정신을 알게 되어 겸손해지고 지식 공유를 통해 협업의 중요성을 알게 된다.

08. 팀의 구성 및 자율운영팀

캡스톤디자인의 팀구성은 3-7명이 좋다. 팀이 너무 많아도, 적어도 불편한 것은 있지만 의사결정엔 홀수가 낫다. 같은 학과 구성이라면 선배가 팀을 이끌 수 있겠지만 아이디어를 구체화할 내용을 아는 사람이 팀장으로 이끌면 된다. 만약에 학년 구성이 다르거나 학과가 융합적 모임이라 서로 잘 모른다면 서로 각자 자기소개를 통해 이름, 학과, 취미, 성격,장점, 단점, 캡스톤디자인에 임하는 포부 등을 통해 알아가는 시간을 갖는 것도 좋다. 특히 친구가 일을 같이하면서 모르던 부분이 나타나 오해가 생기거나 성격적 갈등이 일어날 수 있으니 참고하기 바란다. 팀장은 먼저 팀명을 의논해서 정하고 구호 등을 정하는 것도 팀 분위기를 상승시킬 수 있어 좋다. 회의 분위기를 위해 서로 마주 볼 수 있는 ㄷ자형 의자 구성이 좋다. 팀장이 선정되면 먼저 조력자들이 필요하다. 먼저 기록자인데 기록자는 회의 시간마다 기록을 통해 당일 의논한 사항, 이슈 사항, 다음 회의 시 결정할 사항, 교수님이나 멘토에게 물어볼 사항, 외주업체 진행 사항 등을 모두 기록하여 공유할 수 있도록 하여야 한다. 회의록 양식은 학교에서 만들어서 배포해 주면 좋다. 두 번째는 교내나 외부 경진대회 진출 시에 발표자와 발표내용을 만들 수 있는 사람을 결정해야 한다. 발표자와 자료작성은 다른 사람이 할 수도 있다. 이렇게 결정이 되면 팀의 구성이 완료된다.

팀은 자율관리(Self Managed Work Teams)로서 공동의 서로 연관된 아이디어를 수행하는 구성원이 3-7명 정도의 구성된 집단이다. 팀은 스스로 협업을 통해 아이디어를 창출하고 계획을 세우고 작업일정, 작업속도 조절, 운영상의 의사결정, 문제에 대한 조치, 팀원들의 성과 평가 등을 자율적으로 수행 한다. 목표가 집단의 성과로 나타나고 적용 기술들을 상호 보완하고 시너지 효과는 긍정적이고 책임은 공동이 진다. 캡스톤디자인의 팀제는 기업에서도 실질적인 목표달성 효과가 많이 나타났다.

기업의 자율관리 팀 운영성과

기업명	달성 성과
• P&G	- 30-50%의 생산비 절감
• Federal Express	- 화물분실 및 전표오기로 인한 서비스 부실율 13% 감소
• Shenandoah Life Insurance	- 사고 처리기간 27일에서 이틀로 단축
• Sherwin-Williams Richmond	- 45%의 비용절감
• AT&T Credit Corp.	- 일일 처리 건수 100%
• Westinghouse Airdrie	- 싸이클 타임을 17주에서 1주로 단축
• Xerox	- 생산성 250% 향상
• Volvo Kalmar	- 생산비 25% 절감
• Ford Hermosillo	- 첫해에 일본에 비해 낮은 불량을 기록
• Cummins Engine Jamestown	- 일본과 대등한 가격 경쟁력 확보

자료출처: Leading self-directed work teams, Kimball Fisher, McGraw-Hill, Inc.

09. 캡스톤디자인 강의계획 예

대학의 한 학기 수업 구성은 15주로 되어 있다. 그중에서 대부분 중간고사와 기말고사를 빼면 13주의 수업으로 구성된다. 어떤 교수님의 대학에서 강의계획서를 살펴보면 1주차는 교과에 대한 구성 및 특징을 알려주는 오리엔테이션을 중심으로 개인 소개와 팀원을 구성하는 개인 엘리베이터 스피치 및 아이디어 창출, 디자인 프로세스 등을 살펴보면서 아래 강의 계획을 살펴보면 좀 더 구체적으로 알 수 있다.

1. 캡스톤디자인 강의계획 예시

캡스톤디자인 수업계획서(예)

주차	강의 주제	수업 내용	강의 형태
1	**교과목에 대한 오리엔테이션**	1.캡스톤디자인 과정 소개 2.캡스톤 디자인의 정의 3.캡스톤디자인 프로젝트 사례	강의소개
2	**개인 아이디어 및 엘리베이터스피치 발표(학생당 2분) 및 프로젝트**	1.팀 구성 및 개인 소개 2.사용자 중심 디자인 프로세스	강의
3	**디자인 씽킹**	사용자 중심의 디자인 방법론 - 사용자 경험 - 서비스 디자인 - 시나리오 기반 디자인 - 지속 가능한 디자인	강의
4	**사용자 중심 디자인 프로세스(이해)**	- 체화된 인지	강의 및 팀 활동
5	**사용자 중심 디자인 프로세스(이해 계속)**	- 최신 창의융합 기술 - IOT, 감성인식, 디자인, 웨어러블 디바이스 등 디지털 기술적 접근방법	강의 및 팀 활동
6	**팀 프로젝트 제안서 제출**	계획서 제출(팀명, 참가자, 역할, 개발 내용, 일정, 비용) 등	강의 및 팀 활동
7	**팀 프로세스 진행**	팀별 활동	팀 활동

주차	강의 주제	수업 내용	강의 형태
8	중간발표 및 진행평가	팀별 발표 내용 및 수정	팀 발표 및 평가
9	아이디어 창출	만다라트를 활용한 아이디어 팀별활동	팀 활동
10	아이디어 수정	SCAMPER를 활용한 아이디어 수정	팀 활동
11	팀 프로젝트 진행	팀별 활동	팀 활동
12	팀 프로젝트 진행	팀별 활동	팀 활동
13	팀 프로젝트 진행	팀별 활동	팀 활동
14	사업계획서 작성	9블럭을 활용한 사업계획서 작성	팀 활동
15	프로젝트 수행 과제 결과 발표 및 제출(예) - A4 크기의 포스터 - 데모용작품 - UCC 및 PT 최종 보고서 동료 평가 결과	팀별 발표 - 팀 이외 캡스톤디자인 참여자 질문 - 발표자 포함 팀 내 참여자 답변 - 1인 잘 했다고 생각되는 2개 팀을 선발, 다수의견에 따른 1팀 선정	팀 발표

2. 포스텍 창의 IT 융합공학과(CITE)의 창의융합 교육

1.포스텍 창의 융합공학과(CITE)의 창의융합 교육프로그램 구성

강의 구성	내 용
창의 IT설계 1,2,3,4	공학도로서 창의적, 자기주도적, 융합적 연구 역량과 근성훈련
PSG 자기주도성장 수업	자기주도적 성장을 통한 꿈의 진지한 탐구
인문기술융합개론	과학과 세계에 대한 인문학적 상상력과 통찰
인터렉션 디자인	상호 소통하는 인간
놀이와 게임설계	놀이하는 인간
생명감성 & 트랜스휴먼	기술과 진화하는 인간
인간중심 디자인	사용자로서의 인간
비즈니스 모델	함께 일하는 인간

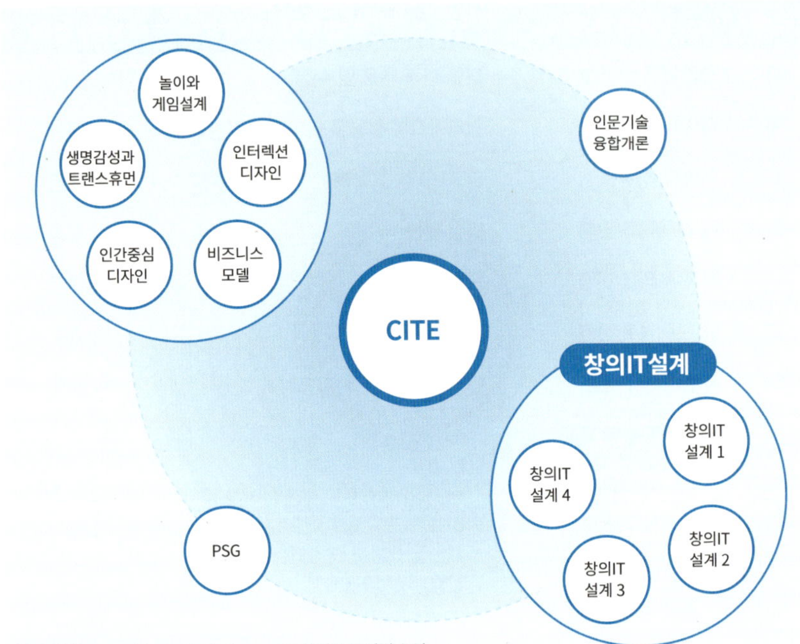

* PSG: Personal Growth Statement : 자기주도성장수업

자료출처: 포스텍 IT 융합과정 제공

2.포스텍에서 캡스톤디자인 중 인기 있는 실행 프로그램으로 참여자가 늘고 있는 프로그램으로의 버켓리스트 활동의 예

우선순위	작성일	버켓리스트 내용	달성기한	달성일	달성여부
1.다이어트	23.01.05	몸무게 2kg감소	23.02.28	23.02.28	성공
2.영어	23.02.24	토익 800점	23.12.31	23.12.31	성공(820)
3.건강 Push-up	23.06.23	1일 1개 증가 100개 목표	23.10.30	-	실패 (지속성 실패)

3. 멘토 인터뷰

포스텍에서 교내 대상으로 인터뷰 대상자들에서 점점 교외 대상 인터뷰로 바

꿔고 있으며 인기가 높다. 멘토 인터뷰의 예는 다음과 같다.

우선순위 대상	목적/ 기대효과	인터뷰 내용	달성기한	달성일	달성여부
총장	리더십	-교육가의 길 -학교발전 계획	23.01.01-23.03.05	23.02.04	성공
방탄소년단	성공원인	세계화의미	23.01.01-23.03.02	-	실패 (연락안됨)
학교영양사	직업(영양사)	직업고충	23.01.01-23.03.03	23.03.20	성공
중소기업 CEO	CEO의 고민	어려움 극복	23.03.03-23.05.30	23.04.03	성공

멘토 인터뷰 절차 및 결과물 제출 내용

❶ 분야 선정

❷ 멘토 인터뷰 목적 및 기대효과

❸ 멘토 후보자 물색

❹ 멘토 3인 확정

❺ 멘토 인터뷰 20분 분량 작성(우선순위 작성)

❻ 인터뷰에서 느낀 점(A4 2장 이상)

IX.

캡스톤디자인

수업 들어가며

01. 학습 동기 부여

만약에 여러분에게 10년 후 혹은 20년 후의 생활의 변화를 그려 보라고 하면 어떻게 그릴 것인가? 여기 과거에 미래의 생활 변화 내용을 그림으로 그린 화가를 소개해 본다.

1965년에 이정문 화백(1941년생)이 1965년에 예측한 2000년대는 놀라울 정도의 예지력을 가지고 있다. 아래 그림에서 보듯이 오지 않은 미래를 맞추는 것은 기술력의 발달 없이는 어렵다. 주어진 생활 속에서 필요한 수요에 따라 기술의 발전 및 속도와 제품의 개발의 가능성을 조사한다는 것과 상상력을 펼친다는 것은 멋진 생각이다.

그럼 1965년에 2000년을 예측한 그림을 살펴보면 태양열을 이용한 집, 전파신문은 아마 인터넷을 예상 한 것일까?, 공해가 없는 전기자동차, 움직이는 도로는 무빙워크, 소형 TV, 전화기는 스마트폰, 부엌에서 오늘의 메뉴는 인터넷

이정문화백 1963년에 2000년대의 미래 생활

자료출처:백세시대

정보활용 변화, 집에서 모니터를 통한 치료는 원격진료, 청소는 로봇이 맡는 로봇 청소기, 그림속의 예측에서 아직 이루어지지 않은 것은 수학여행을 로켓을 타고 달나라로 가는 것뿐이다. 무서운 예지력이다.

또한 2014년에 이정문화백이 예측한 2050년의 변화된 미래는 어떨까? 먼저 우주발전소에서 송전용 무선을 통해 가정에 무선으로 배달되고 집안에서 모든 전자제품이 무선으로 충전되고 작동되는 것이다. 휴대폰도 무한 DC 전원을 활용한다. 육체적 순간이동이 생겨 화성으로 이동이 가능하며 모든 물리적 이동도 가능하다. 웨어러블 컴퓨터 시대가 열리고 기계와 컴퓨터의 발달로 장애인이 없는 세상이 펼쳐진다. 곳곳에 미세먼지 포집이 가능한 장치활용으로 청정지구가 되고 인간의 뇌가 직접 컴퓨터에 연계되는 뇌파 헬맷이 인기다. 잠자면서 목적지에 도달하는 나르는 침대가 있고 음식 메뉴 프로그램을 통한 만물제작기에서 음식이 나오고 날아다니는 자동차, 움직이는 건물로 취향에 따라 4계절을 경치 좋은 곳과 남향을 유지하는 주택도 가능해진다. 육지뿐만 아니라 해양에서도 집을 건설하고 생활하는 시대가 온다.

지금 여러분도 멀지 않은 10년 후 나의 모습, 혹은 우리 시대의 변화된 10대 기술발전을 설계한다면 어떻게 예측이 되겠는가? 한번 생각해 볼 수 있는 시간을 갖는다면 유용한 정보들을 얻을 수 있다. 상상은 현실이 된다. 출발은 생각이다.

사람들은 보는 시각에 따라서 사물을 인식하는 것이 달라지기도 한다.

다음은 M.C.Escher의 그림이다. 보기에 따라서는 천사가 보이기도 하고 악마가 보이기도 한다.

모리츠 코르넬리스 에셔 무한원형: 천국과 지옥

자료출처: 모리츠 코르넬리스 에셔의작품 세계

다음 그림에서는 오리가 보이는가? 혹은 토끼가 보이는가?

Filegende Blatter의 토끼와 오리(1892년)

자료출처: 위키디피아

이렇듯 환경에 따른 내용과 느낌이 달라지기 때문에 아이디어에 따른 제품을 구상할 때 제품이 쓰이는 환경을 고려할 필요가 있다. 특히 강의실에서도 학습자가 시각, 청각, 운동 감각 중에서 선호하는 것에 따라서 학습자들이 구분되기도 하는데 시각적(Visual) 학습자들은 도표, 그림, 기타 도식화된 정보들을 선호하고 청각적(Auditory) 학습자들은 강의나 오디오를 듣는 것을 선호하기도 한다. 이는 피아노 칠 때 절대 음을 가지고 있는 사람들을 가끔 볼 수 있는데 특히 청각 학습능력이 발달된 사람들이다. 운동감각(Kinesthetic) 학습자들은 신체 움직임이 포함된 시연(Demonstration)이나 신체적인 활동을 선호한다. 물론 대부분의 성공적인 사람들의 학습능력은 시각적이고 청각적인 입력을 모두 활용하며 집중력이 뛰어나다. 어느 성향을 더 선호하는가에 따라서 학습자들을 구분할 수 있으며 학습패턴에서도 자기의 선호된 학습 도구를 활용할 수 있다. 성인 학습자들을 대상으로 연구를 보면 국가별로 한국, 중국, 일본, 아랍 사람들의 시각적, 청각적 스타일에 서로간의 문화(Cross-cultural) 차이가 있다는 걸 알아냈다(1995). 그 후 운동 감각적 유형을 포함 시킨 연구에서 학습자 선호에 관심을 기울이는 게 중요하다는 것을 재확인 하였다. 각각의 장점을 위해서는 물론 단점도 고려 되어야 하는데 수업의 방법적인 접근을 시각, 청각, 운동적 효과를 잘 활용해서 수업에 적용하는 것도 좋을 것 같다.

02. 천재는 한 분야에 미친 노력의 결과이다.

성공에는 공통점이 있다.
먼저 우리가 알고 있는 유명인들은 남보다 처음부터 잘해서 유명해졌을까? 결코 그렇지 않다. 알버트 아인슈타인(Albert Einstein)은 독일태생 물리학자로서 광양자설, 브라운 운동의이론, 특수 상대성이론을 연구하여 1905년 발표하였으며 1916년에 일반 상대성이론을 발표하여 미국의 원자폭탄 연구인 맨하튼 계획의 시초가 되기도 하였다. 그러나 알버트 아인슈타인은 9살까지 말을 더듬고 부모는 학교생활을 따라가기 힘들 것이라며 고등학교를 그만두라고 했다. 찰스다윈(Charls Robert Darwin)은 생물 진화론의 정의를 세운 영국의 생물학자이다. 해군 측량선 비글호에 박물학자로 승선하여 남아메리카, 남태평양의 여러 섬과 오스트레일리아 등을 항해 탐사했고 그 관찰기록을 "비글호 항해기"로 출판하여 진화론의 기초를 확립하였다. 1859년에 진화론에 관한 자료를 정리한 "종의 기원"이라는 저작을 통해 진화사상을 공개하였다. 그랬던 그가 학교 성적이 안 좋아 "네 녀석은 가문에 먹칠할 놈이야"라고 거친 말을 듣기도 했다. 기업인이며 공학기술자인 헨리 포드(Henry Ford)는 자동차 왕으로 불리는 미국의 자동차 회사"포드'의 설립자로서 조립라인 방식에 의한 양산체제인 포드시스템을 처음 확립하였다. 그러나 공부에는 흥미가 없어서 고등학교를 간신히 졸업하였다. 지아코모 푸치니(Giacomo Puccini)는 이탈리아의 작곡가로서 "토스카", "라보엠", "나비부인" 등 이탈리아 가극에 많은 공헌을 남겼다. 근대 이탈리아가 낳은 대 음악가이며 베르디 이후 이탈리아 가극에 근대의 숨결을 넣은 제 1인자 였다. 그러나 최초의 음악교사는 푸치니를 가리키고 나서 음악적 재능은 전혀 없다고 했다. 파블로 피카소(Pablo Picasso)는 어땠을까? 피카소는 스페인 말리가에서 출생하였고 주로 프랑스에서 미술 활동을 한 20세기 대표적인 큐비즘 작가로 널리 알려져 있다. 그러나 학교 성적이 나빠 10살 때 학교를 그만두었고 가정교사도 손을 들었을 정도였다.

레오나르도 다빈치(Leonardo di ser Piero da Vinci)는 이탈리아의 르네상스를 대표하는 석학(Polymath)이다. 화가이자 조각가, 발명가, 건축가, 해부학자, 지리학자, 음악가였다. 많은 재능을 가지고 있었고 후세에 영감을 많이 주었는데 아쉽게도 그가 설계한 기계는 한번도 만들어진 적이 없었고 만약에 만들었다고 해도 상당수는 작동을 하지 않았을 것이다. 그러나 엄청난 발명을 꾸준히 하였다. 폴고갱(Paul Gauguin)은 프랑스 태생의 탈인상주의 화가이다. 오늘날에는 인상주의에서 벗어나 종합주의 색채론에 입각한 작품을 남긴 화가로 인정받고 있다. 화가로서 세계적인 인정을 받고 있지만 명성을 얻기 전에는 실패한 증권 브로커였다.

이렇듯 우리가 알고 있는 유명인들이 처음부터 인정을 받았던 것은 아니다. 자신이 인정받을 수 있는 분야에서 인내를 가지고 끝까지 노력하였기 때문에 얻을 수 있는 값진 결과이다. 그들은 이런 결과에서 어떻게 성공할 수 있었을까? 대부분 대학교 4학년이 되면 3가지 중 하나의 선택을 가지고 고민하게 된다. 첫째는 취업이다. 공기업이 되었던, 사기업이 되었던 대기업, 중소기업, 벤처가 되었던 혹은 공무원으로의 첫 출발도 취업을 통해 첫 사회생활을 꿈꾼다. 두 번째는 창업이다. 부모님의 사업체를 물려받을 수도 있고 아이템을 가지고 사업을 시작할 수도 있다. 캡스톤디자인을 통해 자신의 장점을 발견하고 아이템을 개발해서 창업하는 경우도 있다. 세 번째는 진학이다. 대학원에 진학해서 공부를 더 세부적으로 할 수도 있고 해외 유학도 갈 수 있다. 그러나 짧게는 2-4년 길게는 7-8년 정도의 대학 생활에서 먼저 생각해야 할 것이 있다. 필자가 가장 후회하고 있는 부분이기도 하다. 우리는 살아오면서 부모님의 영향을 많이 받는다. 필자는 유치원부터 대학원까지 모든 교육기관을 거치면서 과연 무엇을 얻었을까? 돌이켜 보면 인생에서 살아오면서 계속 직장을 바꾸고 아직도 다른 것을 시도해보고 있는 것은 안타까울 뿐이다. 살아오면서 느낀 몇가지가 있다. 여기에 첫번째 성공의 열쇠가 있다. **'미칠 곳을 찾아야 한다'**. 일반적으로 사람이 미치면 정신병원을 가야 한다고 말한다. 그런데 어떤 사람이 기타를 너무 잘 친다고 가정하자. 그러면 그 사람을 보고 "저 사람은 기타에 미쳤어"라고 말하기도 한다. 그러나 아무도 그 사람이 정신병원을 가야 한다고 말하지 않는다. 위에서 언급한 미친 결과는 마찬가지인데 다른 점이 있다. 바로 '무엇에 미친' 것이냐가 다른 것이다. 우리가 취업을 하든 사업을 하든, 진학을 하든지 어쩌면 자신이 미칠 수 있는 분야를 찾는 것이 먼저 아닐까? 자신이 평생 열정을 쏟아부을 수 있는 미칠 수 있는 것을 찾아야 한다. 미치면 그 분야의 전문가가 된다. 어쩌면 대학 생활은 미칠 수 있는 분야를 찾는 시간이 되어야 한다.

강의시간에 필자는 학생들에게 이 미칠 수 있는 자신의 전문 분야를 먼저 찾으라고 얘기해 준다. 그리고 한번이라도 열정을 가지고 주어진 일을 해보라고 더불어 주문을 한다. 그래야 내가 무엇을 잘 하고 능력이 어디에 있으며 내가 목표를 달성했을 경우 평소에 자신감을 가질 수 있는 새로운 나를 발견할 수 있다. 대단히 중요한 일이다. 대학생이 되면 대부분 독립적으로 자신의 생활을 가꾸고 싶어한다. 어른으로서 대우도 해줄 것이라 기대하고 그렇게 대우받기를 원한다. 사실 자유가 주어지면서 자율이 찾아온 것이다. 자율엔 책임이 따른다. 모든 행동과 말에는 책임을 가지고 행동해야 한다. 그래야 어른으로서의 자세를 갖추게 된다. 대학 후의 어른으로서 대우를 받고 성공하기를 원한다면 취업, 사업, 진학을 생각하기보다 먼저 미칠 수 있는 분야를 찾아보는 것이 우선시 되어야 한다.

성공하고 싶은 사람은 성공의 방법을 알아야 한다.

먼저 미칠 곳을 목표로 찾아 성공한 예를 살펴보자.

1. 성공하려면 미칠 수 있는 일을 찾아라.

어느 인문 고등학교의 실제 생활기록표이다. 이 학생은 전교에서 성적을 보면 알겠지만 거의 꼴찌의 성적을 기록하였다. 강의하다가 이 학생이 대학에 진학했을까요? 라고 학생들에게 물어보면 고개를 가로로 젓는다. 맞다. 이 학생은 한국의 인문계 고등학교에서 전교 꼴찌의 성적을 가지고 있어 대학을 갈 수 있는 길이 희박하다. 생활기록부에서 보면 3년 동안 진로 희망 사항이 컴퓨터 프로그래머가 되는 것이 꿈이다. 그러나 인문계 고등학교에서 보듯이 프로그래머가 들을 수 있는 과목은 안타깝게도 전혀 없다. 그러나 이 친구에게 반전의 기회가 찾아온다. 정부에서 진행한 프로그램 경진대회에서 수상을 하였고, 수상을 통해 대학진학의 꿈을 이루는데 대학에 무시험 특전으로 진학하였다. 서울에 있는 광운대학교에 진학 하였으며 꿈에 그리던 컴퓨터공학부 컴퓨터소프트웨어를 전공하게 된다. 얼마나 기뻤겠는가?

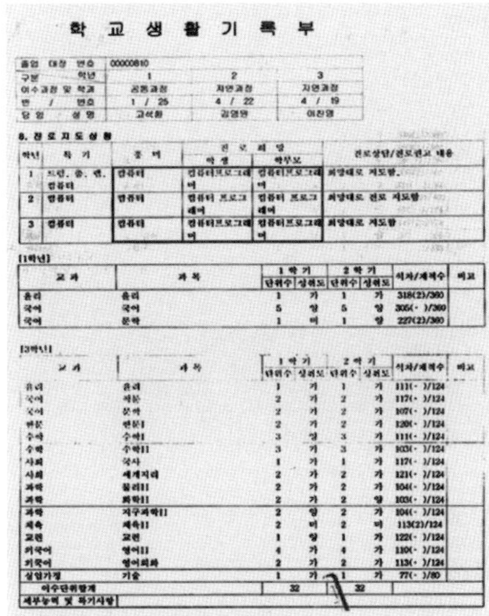

학 교 생 활 기 록 부

졸업 대장 번호	00000810		
구분 / 학년	1	2	3
이수과정 및 학과	공통과정	자연과정	자연과정
반 / 번호	1 / 25	4 / 22	4 / 19
담임 성명	고석환	김영원	이찬영

8. 진로지도상황

학년	특기	흥미	진로희망 학생	진로희망 학부모	진로상담/진로권고 내용
1	드럼, 춤, 랩, 컴퓨터	컴퓨터	컴퓨터프로그래머	컴퓨터프로그래머	희망대로 지도함.
2	컴퓨터	컴퓨터	컴퓨터 프로그래머	컴퓨터 프로그래머	희망대로 진로 지도함
3	컴퓨터	컴퓨터	컴퓨터프로그래머	컴퓨터프로그래머	희망대로 지도함

[1학년]

교과	과목	1학기 단위수	1학기 성취도	2학기 단위수	2학기 성취도	석차/재적수	비고
윤리	윤리	1	가	1	가	318(2)/360	
국어	국어	5	양	5	양	305(·)/360	
국어	문학	1	미	1	양	227(2)/360	

[3학년]

교과	과목	1학기 단위수	1학기 성취도	2학기 단위수	2학기 성취도	석차/재적수	비고
윤리	윤리	1	가	1	가	111(·)/124	
국어	작문	2	가	2	가	117(·)/124	
국어	문학	2	가	2	가	107(·)/124	
한문	한문I	2	가	2	가	120(·)/124	
수학	수학I	3	양	3	가	111(·)/124	
수학	수학II	3	가	3	가	103(·)/124	
사회	국사	1	가	1	가	117(·)/124	
사회	세계지리	2	가	2	가	121(·)/124	
과학	물리II	2	가	2	가	104(·)/124	
과학	화학II	2	가	2	양	103(·)/124	
과학	지구과학II	2	양	2	가	104(·)/124	
체육	체육II	2	미	2	미	113(2)/124	
교련	교련	1	양	1	가	122(·)/124	
외국어	영어II	4	가	4	가	110(·)/124	
외국어	영어회화	2	가	2	가	113(·)/124	
실업가정	기술	1	가	1	가	77(·)/80	
이수단위합계		32		32			
세부능력 및 특기사항							

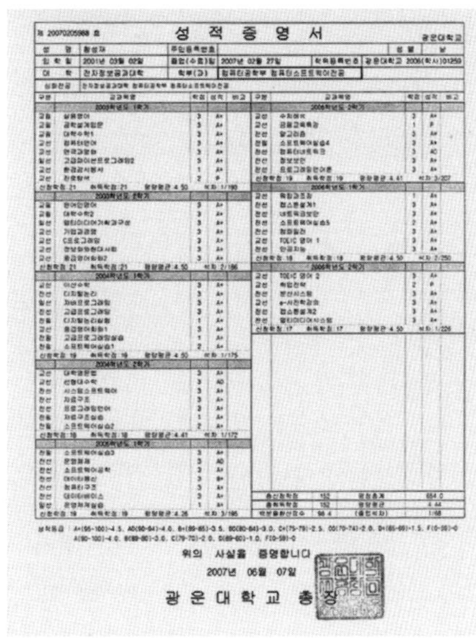

성 적 증 명 서

광운대학교

위의 사실을 증명합니다

2007년 06월 07일

광 운 대 학 교 총 장

인문계 고등학교에서 성적이 안 좋은 친구가 미칠 수 있는 일을 찾은 것이다. 정말 하고 싶은 분야를 체계적으로 배울 수 있었으니 얼마나 좋았겠는가? 대학 성적표에서 보듯이 4.5 만점에 졸업학점 평균이 4.44이다. 예상했듯이 거의 완벽한 성적이다. 하고 싶은 것을 하니 성적표에도 그대로 나타나는 것 같다. 미칠 곳을 찾아 미친 듯이 공부한 것 같다. 고등학교 평가와는 완전히 다르다.

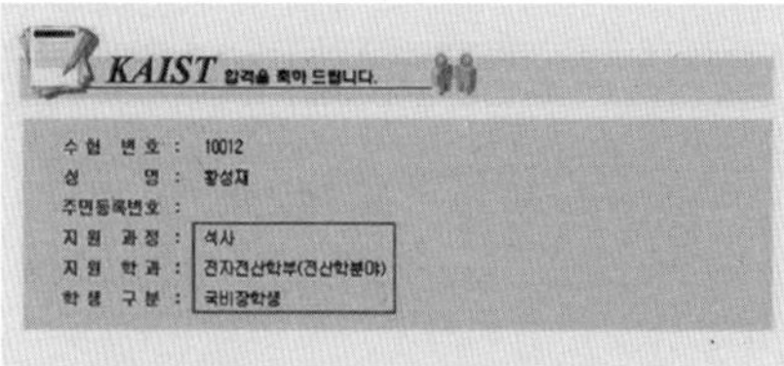

KAIST 합격을 축하 드립니다.

수험 번호 : 10012
성 명 : 황성재
주민등록번호 :
지원 과정 : 석사
지원 학과 : 전자전산학부(전산학분야)
학생 구분 : 국비장학생

'가상손가락' 기술이전 5억 벌다

KAIST 학생 황성재씨 '한 손가락으로 멀티터치' 구현

KAIST 학생 황성재씨 '한 손가락으로 멀티터치' 구현
KAIST 학생이 작은 아이디어를 기술로 구현해 5억원을 받고 기술이전에 성공해 화제다.

KAIST(총장 서남표)는 문화기술대학원 박사과정 황성재 학생이 한 손가락만으로 모바일 단말기에서 핀치 줌인·아웃 등 멀티터치 기능을 할 수 있는 가상손가락 기술을 개발, 이동전화기 제조회사인 빅트론닉스와 특허양도비 5억원에 기술이전 계약을 체결했다고 19일 밝혔다.

이 기술은 모바일 단말기 이용시 손가락에 의한 화면가림 현상과, 장치를 한 손으로 잡은 상황에서 멀티터치 조작이 매우 불편하다는 아이디어에 착안해 개발했다. 개발된 기술을 이용하면 사용자가 두 손가락으로 명령을 수행하는 것과 동일한 효과를 얻을 수 있다. 즉 터치 지점의 대응점에 만들어지는 가상손가락을 이용, 실제 터치동작에 대응하는 움직임을 모사해 줌인·아웃과 다양한 명령을 처리한다. 별도의 명령 메뉴를 활성화하지 않아도 다양한 명령을 동시에 수행할 수도 있다.

이 기술은 지난해 12월초 특허청이 주최한 대한민국발명특허대전에서 은상을 수상한 아이디어가 씨앗이 됐다. TV리모컨, e북, 휴대폰, 태블릿PC, 내비게이션, 교육용 기기 등 각종 터치기반 기기에 미들웨어로 탑재돼 사용편의성을 높일 전망이다.

기술이전과 관련해 황성재씨는 "연구 과정에서 나온 작은 아이디어가 발전돼 실제 기술사업화된다고 생각하니 매우 영광스럽다. 앞으로도 많은 창의적 연구를 통해 학계와 산업에 보탬이 되는 연구자가 되겠다"고 소감을 밝혔다.

KAIST 산학협력단은 이 아이디어에 대한 시제품 제작, 마케팅 활동 등을 도와 사업화가 될 수 있게 지원했다.

장재석 산학협력단장은 "KAIST 산학협력단은 학생 아이디어를 구체화하기 위한 시제품 제작과 특허 출원 등을 지원하고 있으며, 이를 조직화해 학생 발명동아리 카인벤터(KAINVENTOR)도 운영중"이라며 "이번 기술이전 성공이 모델이 돼 많은 학생의 아이디어가 산업계로 기술이전되기를 기대한다"고 말했다.

자료출처:디지털타임즈

그러면 졸업 후에 이 학생은 어떻게 되었을까? 대학생이 졸업 즈음 되면 3가지의 선택이 있다. 취업, 창업, 진학이다.

그 당시의 이 학생은 진학을 선택하였다. 그것도 남들이 우수하다는 고등교육 기관을 국비 장학생으로 입학하였다. 고등학교의 성적으로는 상상도 되지 않지만 대학교의 성적으로는 어쩌면 당연한 결과이기도 하다.

카이스트 석사 재학 때 그는 언론에 나기도 하였는데 스마트 폰 핑거 포인트 소프트웨어 기술을 개발하여 제작사에 기술이전을 한 내용이 언론에 실리기도 했었다.

그 후 카이스트 문화기술대학원에서 박사학위를 받았다. 이후 발명가, 창업자, 투자자로서 인간과 컴퓨터에 상호작용과 연관된 수십편의 논문과 수백건의 특허를 보유하고 있다. 기술기반 엑셀레이터인 퓨처플레이(Futureplay)의 설립 파트너를 수행했다. ㈜플런티, ㈜엑스와이지 등 다양한 기술기반 회사를 공동 창업했으며, 이 중 플런티는 2015년에 국내 스타트업으로는 처음으로 삼성전자에 인수되었다. 현재는 국내 최초의 로봇 바리스타 협력 카페인 라운지엑스를 기획, 운영하는 ㈜엑스와이지의 대표이사이자 국내외 스타트업의 엔젤 투자자로도 활발히 활동하고 있다. 미칠 곳을 찾아 미치면 그 분야의 전문가가 된다.

미국은 창의력을 바탕으로 혁신기업이 세계를 리드한다.

미국의 경제력을 견제하기 위해서 뭉친 EU(유럽연합:27개국)와 미국의 격차는 점점 더 벌어지고 있다. EU가 2012년 GDP(역내 총생산)에서 미국에 추월당한 후 8조 8,000억 달러(약 1경 1500조)나 뒤쳐져 있다. 미국의 경제 성장률이 유럽을 지속적으로 압도하고 있는 결과이다. 이를 설명해주는 통계가 있는데 미국 50개 주의 1인당 GDP 순위에 유럽 국가를 집어 넣는다면 2000년에 독일 32위, 프랑스가 37위 였지만 2021년에는 독일이 39위, 프랑스가 49위였다.(조선일보 2023년 8월 31일자 Weekly BIZ).

이렇게 격차가 벌어지는 이유는 '경제 활력 차이' 이며 미국이 전 세계를 리더하는 기업들이 많은 반면 유럽은 그런 기업이 없다. 즉 미국에는 마이크로소프트, 아마존, 애플, 페이스 북, 테슬라, 구글 등 혁신기업이 많이 있다. 혁신기업은 한 분야에 미친 창의력을 가진 기업들이고 경쟁력이 월등하며 전문적으로 한곳에 미친 인재들을 가지고 있다. 특히 그 기업의 리더들이 그렇다.

2. 창의력을 가진 리더가 혁신기업을 이끈다.

스티브 잡스(Steve Jobs)는 미국의 기업가이며 애플사의 창업자이다. 그가 한 말 중에 A lot of times, people don't know what they want until you show it to them. (사람들은 원하는 것을 보여주기 전까지 무엇을 원하는지 모를 때가 많다) 있다. 이렇게 창의력을 가진 개발자가 기술을 통해 새로운 사회를 이끌고 있다. 스티브 잡스가 혼자서 휴마트 폰을 개발한 것은 아닐 것이다. 우수한 개발자들이 열심히 개발 성과를 내기 위해서 분위기와 지원을 잘 해주고 결과에 올바른 의사결정을 해주었기 때문에 멋진 스마트 폰을 개발한 것이다. 리더가 중요하다.

세계에서 가장 큰 부자는 누구인가? 2023년 6월 기준, 일론 리브 머스크(Elon Reeve Musk)이다. 1971년 남아프리카공화국 출신 미국 기업가가 2023년 말, 세계 최고 부자이다. 페이팔 전신이 된 온라인 결제 서비스 회사

x.com, 민간 우주 기업 스페이스 X를 창업하였고 전기 자동차기업 테슬라의 회장이기도 하다. 또한 태양광 발전 회사인 솔라시티를 인수하였으며 진공 튜브 안에서 캡슐 형태의 고속열차가 움직이는 시스템인 하이퍼루프 콘셉트를 공개하기도 하였다. 2015년 오픈 AI를 설립했는데 비영리 인공지능 연구기업으로 인공지능이 인간에게 유용하게 개발되고 이용될 수 있도록 만드는 것을 목표로 하고 있다. 2016년엔 터널을 만들어 교통 체증을 2차원 교통 시스템을 3차원으로 확장하여 차량을 분산시키는 것을 목표로 더 보링 컴퍼니(The Boring Company, TBC)를 설립하였다. 나사(NASA)의 사람만 지구로 돌아오는 로켓이 아니고 사람과 로켓이 다시 지구로 돌아와 재활용 로켓을 만들었으며 나사의 로켓 제작비용의 1/10 수준으로 제작하겠다는 약속들을 지켰다. 언젠가는 화성으로 이주할 계획을 세우고 있는 세계최대의 자산가이며 엔지니어이며 기업가이다. 그의 어록들을 잠시 살펴보면 다음과 같다.

- 정말 중요한 일이 생기면, 성공할 확률이 적을지라도 실행하라. (When something is important enough, you do it even if the odds are not in your favor).
  가장 중요한 것이 실행에 우선한다는 것으로 중요성을 상기시키는 말이다. 대부분 긴급성과 중요성 중의 우선순위를 애기 하는데 일런 머스크는 중요성을 먼저 실행하라고 했다.

- 작동하기 위해 설명서가 필요한 제품은 고장이 납니다. (Any product that needs a manual to work is broken?).
  제품의 직관성이 중요하다는 표현으로 애기한 것이다. 사용자가 간단하게 사용할 수 있어야 하며 이런 제품을 소비자는 선호한다는 것이다.

- 학력과 문제해결 능력은 다를 수 있다. 일론 머스크의 인재영입은 능력주의로 유명 하다. 관련된 어록으로는 “난 사람들이 교육과 지능을 혼돈하는 것이 싫다. 당신은 대학을 졸업하고도 여전히 바보 일 수 있다”.

• "사람들은 목표가 무엇이고 그 이유를 알고 있을 때 더 일을 잘 합니다. 사람들이 아침에 출근하고 즐겁게 일하기를 고대 하는 것이 중요합니다". 현재 일런 머스크는 화성 이주 등 불가능한 계획에 도전하고 있다. 그러나 그의 어록에서 우리는 희망을 봅니다. "절대 저는 포기하지 않습니다".

3. 성공 열쇠 중의 또 하나는 '절대 포기하지 않는다' 는 것이다.

일론 머스크가 '4번째 로켓 시도를 하지 않았다면 또는 실패했다면 기업은 파산했을 것이다'. 라고 회상한 적이 있다. 실패는 성공으로 가기 위한 과정이다.

영국의 수상 윈스톤처칠은 옥스퍼드 졸업생을 위한 축사에서 명연설로 유명하다. 영국의 수상이면서 특이하게도 노벨문학상을 수상한 윈스톤 처칠이 졸업식에 온다니 기자들과 많은 청중들이 모였고, 그가 단상에 오를 때 숨을 죽이고 근사하고 멋진 축사를 기대했다. 그는 천천히 단상에 올라가서 청중들을 조심스럽고 느리게 쳐다보고서 이렇게 애기했다. Naver give up! 청중은 다음 말을 기다렸다. 그가 말을 이었다. naver naver naver naver naver give up! 그리고 다시 한번 큰 소리로 이렇게 외쳤다. Naver give up. 일곱 번의 '절대로 포기하지 마라'가 그의 짧은 축사의 전부였다. 청중의 우레와 같은 박수는 물론 이었다.

우리가 살다 보면 좌절하거나 포기할 때가 있다. 실패는 작던 크던 수없이 반복된다. 그때마다 주저앉을 것이라면 다시 생각해 보아야 한다. 원래 불가능이란 단어는 존재하지 않는다. 불가능은 내가 일을 하다가 멈추거나 포기하면 생기는 단어이다. 불가능과 어려움의 차이는 내가 목표했던 일을 스스로 포기하는가에 달려 있다. 긍정적 사고와 부정적 사고의 차이는 무척 가깝지만 결과는 완전히 반대다. 절대로 포기하지 않는 긍정적 사고는 인생의 성공을 가져올 수 있다. 포기란 절대 없다.

4. 내가 결심하면 또 다른 나와 절대로 타협하지 않는다.

또 다른 성공 열쇠는 중요한 자기 통찰에 있다. 우리가 성공하지 못하는 것은 본인에게 책임이 있다. 우리는 매일같이 결심하고 이루지 못하는 것들이 너무도 많다. 그 이유는 본인이 또 다른 유혹에 현혹되기 때문이다. 하루에 영어 단어를 10개씩 외우기로 했다고 하자. 그 날이 새해 1월1일도 좋고 내일이어도 상관없다. 만약에 오늘이 결심실행 첫날이라고 해보자. 책상에 앉아 단어를 외우려 하는데 급하게 친구가 연락이 와서 만나자고 한다. 그러면 여러분은 어떻게 하겠는가? 혹시 결심한 단어 외우기를 내일로 미루고 친구를 만나러 나가지 않을까? 그렇다면 여러분은 실패한 것이다. 만약에 '여러분이 스스로 목표를 위해서 본인과 약속을 결심했다면 절대로 또 다른 자신(유혹)과 협력하지 않는다'. 쉬운 것 같지만 대단히 어렵다. 만일 이것처럼 스스로의 결심을 지킨다면 여러분은 성공할 수 있다. 먼저 앞에서 얘기한 미칠 수 있는 일을 찾는 것, 그러면 그 분야의 미친 만큼 전문가가 되고, 절대로 포기하지 않으며 내가 결심한 일은 절대로 또 다른 나와 협상하지 않는다.

이 세 가지는 필자가 젊은 여러분에게 꼭 전해주고 싶은 얘기다.

X.

캡스톤디자인 수업 사고기법

01. 캡스톤디자인의 사고 영역

캡스톤디자인 수업을 통해 우리는 5가지 사고영역을 접할 수 있다. 첫째는 비판적 사고이다. 비판적 사고는 핵심기술들을 얻기 위해 아이디어의 합리성을 평가하는 기술들로서 사물을 관찰하고 신뢰성을 확보하기 위한 것으로 내용에 대한 증거, 설득을 위한 인과관계 및 예측 등을 추론하여 바람직한 근거를 마련하는 것이다. 비판적 사고의 바탕은 읽기, 쓰기, 말하기, 그리고 듣기이다. 비판적 사고는 유행을 타는 기술이 아니다. 비판적 사고는 논리적인 설득력이 있어야 하며 논리적 설득력을 갖추기 위해서는 용어를 정의하고 논리와 근거를 제시하여야 한다. 캡스톤디자인이 되는 창의력은 비판적 사고의 원동력이 된다. 다음은 참고로 미국 철학회에서 '대학 수준의 비판적 사고는 무엇인가? 와 '어떤 사람이 비판적 사고자인지 무엇을 보고 아는가? 라는 두

가지 물음에 대한 답을 구하기 위하여 미국과 캐나다 학자 46명으로 구성된 토론단에게 의견을 구했다. 2년의 작업 끝에 학자들은 비판적 사고자가 갖추어야 되는 자세를 제시하였다. 요약된 내용은 다음과 같다.

대학 수준의 비판적 사고

자세	문장사례
진리 추구	이 결론을 받아들이기 어려워도 이 아이디어를 시험해 보고 어떻게 되는지 보자.
포용	이 문제에 대한 나의 견해가 이미 있지만 너의 생각을 듣고 싶어.
분석	그 문제에 대한 입장을 갖는다는 것은 어떤 행동을 취하겠다는 약속이야.
계획, 조치	저 사람의 말에는 몇가지 흥미로운 점이 제시되어 있군. 각각을 뒷받침해주는 근거가 무엇인지 듣고 싶어.
자신감	처음 이 책을 읽었을 때 혼란스러웠지만 몇 번 더 읽으면 이해 할 수 있을 거야.
호기심	이 그림을 처음 봤을 때 화가가 그림을 그릴 당시 그의 삶 속에 어떤 일이 일어났는지 궁금했어.
성숙	그 문제에 대한 사실 정보를 더 모은 후에 결론을 도출하겠어.

자료출처: 세계 최고의 학습법, 2010

두 번째는 창의적 사고로서 독창적이고 차별화된 아이디어 생성에 필요한 것으로 새로운 사실을 사물에 적용시키는 사고이다. 차별성이라는 것은 "더 나은 것"으로 기존 것보다 좀 더 뛰어난 것을 의미하며 무조건 다른 것을 의미하는 것은 아니다.

세 번째는 명료화이다. 이는 아이디어에 대한 정의를 비롯하여 뚜렷한 사물과 내용에 대한 정의이며 아이디어의 분석에 필요한 정의로서 비교,대조, 분류, 정의 등의 내용과 논쟁 분석을 위한 근거, 숨겨진 가정이다.

네 번째는 문제해결 사고로서 최선의 해결책을 찾기 위한 사고이며 기술의 합리성을 평가하기 위한 기술들을 포함하는 사고이다.

다섯 번째는 의사결정 사고이다. 제품과 서비스의 개발은 많은 의사결정을 통해서 완성단계에 이루어진다. 이는 결과를 예측하고 가장 적합한 의사결정을 위해 대안들을 검토하는 단계로서 모든 조직을 갖춘 기업, 기관들이 마지막에 중요한 결정들을 통해 진행하고 완성단계에 이르게 된다.

캡스톤디자인에서 5가지 영역 사고를 통해 제품이나 서비스를 기존 것을 개선 혹은 새로운 것을 발견할 수 있다.

■■ 스워츠와 파크스 사고영역 맵 기준(Swartz &Parks, 1994)

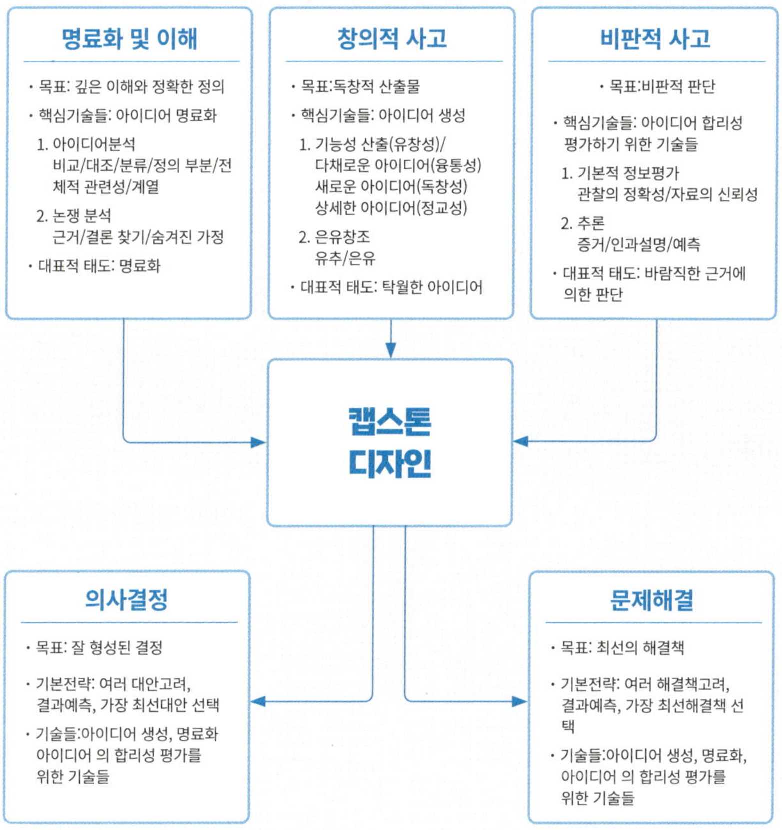

스워츠와 파크스 사고영역 맵 기준 (출처: Swartz & Parks, 1994)

02. 창의적 문제해결 절차

창의적 사고로 문제를 해결하기 위해서는 절차가 필요한데 첫째는 문제 발견이다. 문제를 발견하기 위해서는 사람들이 불편해 하거나 있었으면 하는 바램 등을 토대로 제품이나 서비스의 개선점 발견에 있다. 두 번째는 사실 확인이다. 문제가 왜 발생하였는지, 혹은 관련 제품이 있는지 등 정보검토를 하고 실제 자료들을 모은다. 세 번째는 문제에 대한 정의를 한다. 구체적 영역을 설정하고 필요한 학습, 기술들을 살펴본다. 네 번째는 아이디어에 대한 발견이다. 아이디어는 질보다는 양으로 많은 아이디어들을 창출하고 내용을 기술 한다. 다섯 번째 아이디어가 나왔다면 해결책이 가능한지 검토 한다. 창출된 각 아이디어들을 기준을 가지고 평가하고 문제해결이 가능한지 검토하는 단계이다. 마지막으로 수용할 것인지를 검토하는데 현재 상황에서 미래 상황으로 변경해서 생각하고 제품화되었을 때 방해 요인은 없는지, 기술이나 제조의 제한사항들을 검토하고 법적인 사항들도 고려하여야 한다. 만약에 제한사항이나 방해 요소들이 있다면 극복할 수 있는 방안도 생각해야 한다. 또한 잠재적 잠재적 행동들을 살펴보고 계획을 수립하여야 한다. 대부분 학생들과 캡스톤디자인 과정에 들어가면 아이디어부터 내려고 하는데 절차들을 무시하게 되면 아이디어를 결정하고 구체적인 실천에 들어가면 문제들이 발생할 수 있다.

03. 아이디어 발굴을 위한 기법

아이디어를 발굴하는 방법들은 많이 있다. 대부분 전공이나 산업에 맞는 차별화된 방법들을 잘 찾아야 한다. 여기 소개되는 방법들은 필자가 수년간 강의에서 활용 되는 방법들로서 아이디어의 수렴이나 발산에 관한 내용으로 설명되어 있다. 어떤 방법이 캡스톤디자인 아이디어 창출에 맞는지는 살펴보아

방법들을 선택한 후에 수업에 활용해야 한다. 또한 몇 가지는 서로 독립적이되 연계되어 수업에 활용할 수가 있다. 예를 들어 필자는 만다라트로 아이디어를 창출하는 팀별 토론 수업을 하고 도출된 아이디어를 가지고 스캠퍼 토론 수업으로 아이디어를 개선하고 기존 것과 경쟁력이 있는지 비교도 해 본다. 마지막으로 9블럭 토론 수업을 통하여 고객이나 수익, 협력체 등 사업화 되었을 때의 문제점이나 전략들을 살펴본다.

아이디어 발굴방법의 선택은 전공에서 혹은 산업체에서 요구되는 목표에 따라서 다르다. 캡스톤디자인 팀들이 수업에서 아이디어들을 창출하여 제품이나 서비스를 만들고 교내에서 캡스톤디자인 경진대회를 통해 여러 분야별 상들을 수상 하는데 가능 하다면 학생들의 동기 부여 증진을 위하여 교내 총장상을 비롯하여 교외 지역기관장의 상들을 수여할 수 있으면 좋겠다는 생각을 하였다. 더불어 기업들 참여로 특정 기업의 애로사항이나 제품개선 사항들에 참여하여 기업으로부터 상을 수여토록 하는 것도 생각해 볼 수 있다. 지도교수도 총장상을 통해 동기부여도 해줄 수 있으면 좋을 것이다. 학생들이 캡스톤디자인 과정을 통해서 동기부여를 받아 사회생활의 출발점으로 삼을 수 있고 대학 생활에 변화가 이어진다면 더없이 좋은 일이다. 다음은 여러 아이디어 창출 방법에 대하여 설명을 하였다. 그 중에서 전공에 맞거나 산업을 이해하고 아이디어 창출에 맞는 방법들을 찾아서 학생들 협업과정을 통해 목표를 이룰 수 있으면 좋다. 그런데 학생들이 캡스톤디자인을 수행하면서 간혹 잘못하는 부분이 몇 가지 있다. 성급한 결론을 내리는 경우이다. 충분한 근거 없이 너무 성급하게 결론에 이르러서 오류를 범하게 되는 경우가 있다. 협업이 필요한 팀 토론에서 아이디어 발상으로 상대방을 공격하는 경우가 있기도 하다. 팀장이 리더로서 균형을 잃어서 본인의 의견으로 몰고 가는 경향도 있을 수 있다. 또한 의사결정과정도 중요하다. 결정하지 않은 것을 운에 맡기는 것이다. 철학자 워터 카우프만(Walter Kaufman)은 이를 결단 공포(Decidophobia)라고 했다. 결정을 회피하는 것도 결정이다. 따라서 팀에서 결정된 내용을 존중하고 일의 우선순위를 정하고 팀에서 자신의 역할을 이해하고 자신의 가치 기준을 분명히 하여 결정한 바에 따라 행동하고 결과를 평가받아야 한다. 캡스톤디자인에서 팀이 결정을 하고 결정된 사항을 이행하는 과정도 매우 중요하다. 팀내 갈등도 생기고 제품개발 과정상의 어려움도 생기고 아이디어처럼 만들어지지도 않고 기술도 부족하고 일정상의 압박도 받을 수 있다. 그럴때마다 주어진 환경을 잘 활용해야 한다. 교수님도 계시고 멘토에게 자문도 해 보고 관련 기업을 활용해 보기도 한다. 철저한 자료 조사도 큰 보템이 되고 팀원들의 칭찬도 동기 부여가 된다. 그래서 캡스톤디자인은 하나의 수업이 아니라 큰 뜻을 내포하고 경험하는 사회적응 수업임이 틀림없다.

1.브레인 스토밍 Brainstoming 과 브레인 라이팅 Brainwriting

브레인 스토밍: 미국의 광고회사 BBOD의 사장 오스본(Alex F. osborn)이 개발함.

- **목적**: 어떤 주제에 대한 확산적 사고를 유도하기 위한 기법으로 기록자가 집단의 아이디어를 기록하도록 한다.
- **기본 규칙**:
  1. **판단보류** :어떤 결정된 아이디어를 제시하지 않더라도 다른 아이디어를 비판하지 않는다. 만일 누군가 내 의견을 비판한다면 두려워서 생각이 숨어 버리는 결과를 가져온다.
  2. **자유토론**: 아이디어가 허황되고 비현실적으로 여겨도 모두 표현한다.
  3. **질보다 양**: 일정 시간 동안 가능한 많은 아이디어를 산출한다. 좋은 아이디어 발굴은 먼저 많은 아이디어의 수집으로 부터 출발한다.
  4. **결합과 개선**: 다른 사람의 아이디어와 자신의 아이디어를 결합해서 새로운 아이디어를 산출하는 방식.

브레인라이팅: 독일의 홀리제르(Hermann holliger)가 개발

목적: 어떤 주제에 대한 확산적 사고를 유도하기 위한 기법으로 개인의 아이디어를 기록하도록 한다. 6.3.5기법이라고도 하는데 6명이 둘러 앉아 3개의 아이디어를 5분동안 작성해서 옆으로 돌리는 방법이다.

진행순서:

1. 구성원에게 브레인라이팅 용지를 나누어 주고 예비용지 한 장을 집단 가운데 둔다.
2. 브레인 스토밍 원칙을 지키면서 자신의 용지에 아이디어를 기록한다.
3. 자신의 세가지 아이디어를 기록했으면 구성원 기록용지에다가 새로운 아이디어를 쓴다.
4. 이때 다른 구성원들의 아이디어를 수정하거나 자신의 아이디어를 결합하여 새로운 아이디어를 산출할 수 있다.

- **사용되는 도구**는 다음과 같다.

성명	아이디어 1	아이디어 2	아이디어 3
A			
B			
C			

2. 속성 나열법 Attribute Listing

미국 네브라스카 대학의 크로퍼드(Robert crawford) 개발

목적: 기존의 아이디어와는 다른 개념이나 원리를 색다르게 결합하거나 수정해 새로운 아이디어 산출하는 방법

진행순서:

1. 문제의 정확한 확인 및 정의하기를 통해 명확화하기 (재정의 포함)
2. 속성 나열: 주어진 문제의 속성들을 찾아내고 이를 자세히 열거

❸ 각 속성들을 새롭게 결합하거나 수정하기: 새로운 아이디어 생성
❹ 실행 가능성을 검토: 해결책의 가능성을 판단

- **사용되는 도구**는 다음과 같다.

EX) 신제품 우산을 개발하기 위한 속성나열법의 예

진행순서	내 용
❶	신제품 우산 개발
❷	계속 손에 들고 다님/ 비가 올 때만 사용/ 방수 필요/ 햇빛차단/ 모양이 비슷함 / 크고 작은 장단점 있음 / 패션이 중요(칼라 등) / 호신용
❸	몸에 부착할 수는 없을까? 예를 들면 등에 차고 다님 / 실내에서 우산이 필요한 곳은 없을까? 아니면 헌 우산을 빗물받이로 사용한다? / 방수도 되고 자외선이 동시에 차단되는 것은 없을까? / 비를 피하면서 시야도 확보되고 하늘도 볼 수 있는 우산 / 호신용으로 쓸 수 있을까?
❹	가방이나 혁대에서 변신할 수 있는 우산 / 양산과 우산겸용 / 자외선 차단 및 비 차단 우산 / 패션을 위한 다양한 칼라 / 네모나 꽃 모양 우산 / 단단한 우산대로 분리되면 호신용 막대기 사용

- **활용**: 새로운 제품, 서비스, 시스템을 설계할 때 각 특성을 찾고 달성하는 방법을 찾아서 새로운 대안을 개발하는 방법에 쓰인다. 하드웨어 뿐 아니라 서비스 개선, 업무 프로세스 개선, 재설계 등에 사용될 수 있다. 또한 열거법의 비슷한 것으로 결점 열거법, 희망 열거법 등이 있다.
  - **결점열거법: 단점을 열거하여 개선 가능성이나 방안을 모색하는 방법**
  - **희망 열거법: 희망 사항을 차례로 열거하여 해결책을 찾는 방법**

3.스캠퍼 SCAMPER

오스본(A.F. Osborn)의 체크리스트를 에벌(Bob Eberle)이 재구성 하였다.

- **목적**: 다양한 방법과 시각으로 새롭고 독특한 아이디어, 대안을 많이 생성하기 위한 확산적 사고기법이다.

- **진행**:

❶ **대체하기(Subsitute)**: 사람이나 사물을 A 대신 B로 대신하면 어떨까? 현재의 용도를 조금만 바꾸면 어떨까? 순서, 재료를 바꾸어 보면 어떨까? 성분을 바꾸어 보면 어떨까? 역할을 바꾸어 보면 어떨까? 시간이나 장소를 바꾸어 보면 어떨까? 유리잔을 종이컵으로, 쇠젓가락을 나무젓가락으로 대체한 일반적인 사례다.

❷ **결합하기(Combine)**: A와 B를 결합하여 새로운 짝짓기를 시도하면 어떨까? 비슷한 기능끼리 혹은 전혀 다른 성분끼리 섞으면 어떨까? 낯설고 이질적인 단어끼리 결합하면 어떨까?

❸ **조절하기(Adapt)**: 주어진 조건의 목적에 맞게 조정할 수 있을까? 대상이나 문제를 어떻게 조정할 수 있을까?

❹ **변경하거나 확대하거나 축소하기(Modify)**다. 어떤 대상을 축소하거나 색깔, 이미지, 소리, 향기를 바꾸어 보면 어떨까? 식탁을 줄인 도시락, 데스크 탑 컴퓨터를 노트북으로 노트북을 스마트폰으로 축소, 변경함.

❺ **용도 바꾸기(Put to other use)**다. 처음과 다른 용도는 없을까? 같은 재료로 다른 식품을 만들 수 있을까? 기존의 방법을 바꾸어 다르게 처리하는 방법은 없을까?

❻ **제거하기(Eliminate)**다. 어떤 사물 A에서 구성되는 요인을 제거 할 수 있을까? 가볍게 하면 어떨까? 압축이나 분할하면 어떨까? 이다. 예로서는 오픈카나 푸드트럭이 있다.

❼ **역발상을 해 보거나 제정리하는 것(Rearrange-reverse)**이다. AB를 BA로 거꾸로 바꾸어보면 어떨까? 레이아웃이나 패턴을 180도 다르게 배치하면 어떨까이다. 역할이나 위치를 전혀 다르게 바꾸어 보면 어떨까? 예를 들면 하얀 국물라면, 투명 커피, 양면 스캐너 등이 있다.

맥도날드의 창업자 레이먼드 크록(Raymond Albert Kroc)은 이 기법을 사용하여 많은 아이디어를 얻었다고 한다. 예를 들면 햄버거만 팔지 않고 점포와 부동산을 동시에 판매하는 용도를 바꾸었고(P), 서빙하는 종업원을 없애고 손님이 직접 가져 다 먹는 식으로 기존의 것에서 불필요한 부분을 제거하였고(E), 먹기전에 돈을 지불하는 순서로 기존 패턴을 재정리(R) 하였다.

장점:

1. 개선점 찾기가 수월하다.
2. 중요한 사항을 빠뜨리지 않고 정확하게 검토할 수 있다.
3. 반복되는 작업의 경우 특히 편리 하게 사용할 수 있다.

단점:

1. 비슷한 상황일 경우 기존의 체크리스트 기법을 사용하는 경우 새로운 내용을 빼먹을 수 있다.
2. 아이디어가 제한적일 수 있다.

스캠퍼 양식 *스캠퍼를 체크리스트기법이라고도 함

아이디어제품 기능정의 수정	❶ S	❷ C	❸ A
	Substitute 대치시키면? *용도,순서,재료, 성분, 역할, 시간, 장소 예:유리,도자기-종이/컵	**Combine 결합하면?** *비슷한 것 합치기, 이질적 단어 결합 예: 스마트폰-전화, 카메라, mp3,cd플레이어, 복합기-복사기, 팩스, 인쇄	**Adapt 조정, 응용하면?** *기존 자연물 응용 예:벨크로(찍찍이), 가시철조망(장미가시), 헬리콥터(가을 단풍나무 종자열매 낙하모습)
❹ M	**❺ P**	**❻ E**	**❼ R**
Modify-Magnify -Minify? 변경-확대-축소하면? *색, 소리, 냄새, 형태, 크기 예: 노트북 패널모니터, 휴대용 선풍기	**Put to other use? 새로운 용도는?** *용도변경, 같은재료 다른제품 예: 포스트잇 (접착제) 푸드트럭	**Eliminate? 제거하면?** *삭제, 생략, 압축 예: 오픈카,자판 없애고 터치 스크린	**Rearrange-reverse? 역발상, 재배열하면?** *거꾸로 놓으면, 원인과 결과 바꾸기, 다른 생각 접근 예: 마요네즈 뚜껑-바닥, 양면 스캐너, 하얀 국물 라면, 예술작품

4.형태 분석법 Morphological Analysis

즈위키(Fritz zwicky)

체크리스트법과 속성나열법을 입체적으로 조합한 것으로 행렬기법(Matrix method) 혹은 기능성 격자기법(Grids of possibilities) 이라고도 함

- **목적**: 다양한 측면에서 체계적으로 아이디어를 생성해 내도록 하는 장점으로 간과하기 쉬운 아이디어나 해결 불가능한 아이디어를 생성 하는데 유리한 기법이다.
- **진행순서**:
  1. 문제 확인 및 정의하기: 문제를 명확화 한다.
  2. 요인 찾기: 주어진 문제의 요인 중 두가지를 선택한다.
  3. 속성 열거와 도표작성: 선택된 두가지 요인을 도표에 가로축과 세로축으로 정하고 각각 속성을 작성한다.
  4. 아이디어 생성: 속성들을 체계적으로 다양하게 결합해서 새로운 아이디어를 생성한다.
  5. 아이디어 평가: 생성된 아이디어의 실효성을 평가한다.

EX) 새로운 물컵 개발을 위한 형태분석법의 예

구분(재료와 모양)	원통형	직사각형	육각형
프라스틱	원통형 프라스틱	직사프라스틱	육각형프라스틱
비닐	원통비닐	직사비닐	육각형비닐
종이	원통종이	직사종이	육각형종이
유리	원통유리	직사유리	육각형유리
알루미늄	원통 알루미늄	직사알루미늄	육각형알루미늄

- **활용**: 일상적으로 문제해결을 하는 방법으로 요인을 분석하여 도표를 작성하는 훈련을 통해 객관적이고 분석적으로 문제를 파악하는 능력을 키울 수 있다. 또한 새로운 시각에서 문제를 보게 되는 사고의 경험도 할 수 있다.

5. 강제열거법 Forced connection method

영국의 찰스 화이팅(Charles S. whiting)

- **목적**: 서로 관련이 없는 두 사물이나 아이디어를 강제로 연결시켜서 새로운 아이디어를 생성하고, 더 이상 아이디어가 떠오르지 않을 때 사용한다.
- 아이디어 평가를 (+) / (-)로 한다.

EX) 새로운 냉장고 개발을 위한 강제연결법의 예

순서	1	2	3	연결짓기
1	냉장고	유리	안을 본다.	센서에 의거 냉장고 앞에 서면 혹은 스위치를 누르면 냉장고 안을 볼 수 있다.
2	냉장고	유리	전화	유리를 통해 안을 볼 수 있으며 전화 통신이 가능하다.
3	냉장고	액자	거울 / 부착	액자처럼 벽에 붙일 수 있으며 액자처럼 보이게 냉장고 문을 계절별 경치로 바꿀 수 있다. 가까이 가면 거울처럼 보인다.
4	냉장고	정수기	정수기 기능	정수기능을 문에 내장시킨 냉장고
5	냉장고	오디오	스피커	사용자가 직접 녹음을 할 수도 있고 문을 여닫을 때 다양한 음악이나 멘트를 들려주는 냉장고로 스피커 폰도 활용
6	냉장고	모니터	화면	화면을 통한 건강식 등 다이어트에도 활용

- **응용 강제연결법**

❶ 카탈로그 기법: 목록표 작성법과 동일하나 목록표를 작성하지 않고 카탈로그(Catalog)에서 무작위로 사물, 인물, 배경, 사건 등을 뽑아서 문제와 연결하는 기법이다.

❷ 임의의 강제연결법: 목록표 작성법과 동일 하나, 문제의 진술이 필요하지는 않으며 상자 안에서 단어가 적힌 쪽지를 무작위로 골라 억지로 연결하는 점이 다르다. 상자 안에서 두 가지를 무작위로 뽑아서 강제로 연결 시키는 아이디어 기법이다.

6. 육색 사고모 Six thinking hats

드보드(Edward de bono)

- **목적**: 수직적 사고와 수평적 사고도 기를 수 있도록 고안한 기법으로 여섯가지 색깔의 모자를 사용함으로서 여러 가지 유형의 사고를 훈련시키는 방법
- **주의할점** :
  1. 한번에 하나의 모자만 사용해서 집중함
  2. 긍정적 사고로 다양하게 사고 한 후 비판적으로 평가할 수 있도록 황색 모자를 먼저 사용한 후 흑색 모자를 사용한다.
  3. 똑같은 모자를 여러 번 사용이 가능하다.
  4. 아이디어 생성을 위하여 백색-녹색-황색-흑색-청색-적색이 좋고 아이디어 평가는 적색-황색-흑색-녹색-청색-백색이 좋다.
- **진행순서**
  1. 주제 정하기
  2. 색깔별 모자(주사위는 숫자) 의미에 대한 정보 공유하기
  3. 주제에 대한 색에 대한 생각을 정리하여 발표한다.
- 모자가 번거로울 경우 육각형 주사위를 활용하여 할 수도 있다.

EX) 육색 사고모(혹은 주사위)의 모자별(숫자) 형태와 역할

모자색	주사위	사고 형태	역 할
백색	1	중립, 객관적 사고	정확한 정보기초, 검증된 중립적이고 객관적 사실을 제시(알고 있는 사실은 무엇인가?)
적색	2	감정이나 정서적 사고	백색 사고와 반대로 분노, 두려움, 직관적 감정이나 정서 제시
황색	3	긍정적, 낙관적 사고	긍정적이고 난관적인 측면 제시
흑색	4	비판적, 부정적 사고	부정적이고 비판적인 측면을 제시
녹색	5	창의적, 확산적 사고	창의적이고 확산적인 새로운 측면을 제시
청색	6	사회자적 사고	사회자처럼 정리, 요약, 결론적인 내용제시(결론)

활용:

- 자기중심적인 행동과 사고방식은 다양한 다른 생각을 방해할 수 있다. 이런 창의적인 사고 방법은 토의, 토론, 합동 기술훈련, 프로젝트 등에 사용되기도 한다.
- 구체적 사고의 틀을 제공, 다양한 생각, 능력이 향상됨
- 경직되는 개인, 집단적 사고를 극복하기 위한 방향성을 알려준다.
- 집단, 그룹 간 상호이해관계 확장과 혼자 어려운 문제를 집단결정으로 해결

7. 시네틱스 Synetics

윌리엄 고든(William Gordon) : 관련이 없는 것들 간의 요소들을 결합하는 것

목적: 이미 알고 있는 것을 유추를 통해 이해를 키우고 창의적 문제 해결력을 키우는데 있다. 문제 상황을 직접 해결하기보다는 유추를 통해 은유적인 해결책에서 시작하여 점점 구체적인 방법으로 접근해 가는 방식으로 이루어진다.

분류:

❶ **직접유추(Direct analogy):** 전화기를 사람의 귀의 구조를 유추해 만든다.

❷ **의인적 유추(Personal analogy):** 자신이 직접 사물이 되어 유추(상상)함.

❸ **상징적 유추(Symbolic analogy):**어떤 대상의 추상적인 원리, 특성이 상징으로 유추되는 방법이다. 서로 모순 되거나 반대되는 상징을 하나의 의미로 형성해서 새로운 의미를 만듬
예)신델렐라를 통해 신델렐라 콤플렉스를 새롭게 만들어 낸 경우

❹ **환상적 유추(Fantasy analogy):** 환상적인 면을 상상하도록 유추하는

방법
예)휴대폰은 휴대용으로 만든 것이다.

진행순서:

1. 회의를 통해 사회자를 정하고 진행된 아이디어를 주제와 관련성, 문제해결 가능성, 실행 가능성 여부 등에 따라서 판단하며 선택 후 계획에 따라 진행함 .
2. 주관적인 생각으로 문제를 분석한다.
3. 핵심요소 추출한다: 유추 및 선택한다.(키워드 제시)
4. 유추 정교화: 자세히 검토한다.
5. 정교화된 유추와 주어진 문제와 결합 관련성을 분석해 문제 해결책 찾기
6. 실제 적용:새로운 아이디어 실제 적용, 해결책을 모색한다.

8. 마인드 맵 Mind map

영국의 심리학자 토니 부잔(Tony buzan)

- 인간의 사고 방식을 그대로 옮겨 놓았다는 것이 마인드 맵의 가장 큰 장점이다. 무엇인가를 기억할 때 분류를 하고 큰 분류에서 작은 분류로 내려가면서 일반적인 생각을 문서화하는 가장 직관적인 도구이다.

방법:

1. 중심이미지 (주제선정)
2. 주가지(큰 사고)
3. 부가지(세부생각)

EX) 마인드 맵을 활용한 강릉의 관광 맵

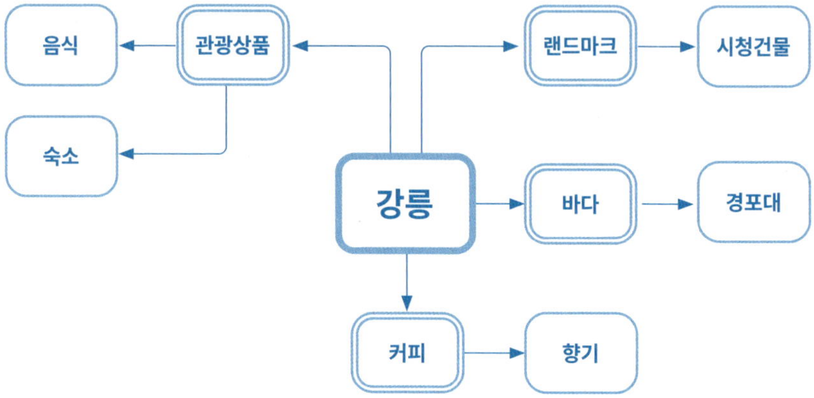

9.하이 라이팅 Highlighting

윌리엄 고든(William gordon)

- **목적:** 아이디어 중에서 적절한 것들을 선정하여 서로 관련된 것으로 묶음으로 문제해결 대안을 찾는다.
- **추진 환경:** 주제의 추상화로 리더는 주제를 아이디어가 광범위하게 나올 수 있도록 주제 범위를 정한다. 회의 시간은 3시간 정도가 적당하고 중간에 적당한 휴식을 한다. 참가자는 6-8명 내외, 각기 다른 전문분야 근무자가 좋다. 회의 장소는 조용하고 독립적이며 편한 곳이 좋다.
- **진행:**

❶ 히트(Hits) 아이디어 선정하기

❷ 핫스팟(Hotspot)찾기: 히트 아이디어가 서로 관련되어 있는 분류를 해서 핫스팟 찾기(하이라이트 혹은 체크 표시)

❸ 핫스팟 관해 설명한다: 핫스팟의 의미, 가능한 결과 등을 탐색

❹ 해결책 찾기: 가장 적절한 핫스팟 혹은 몇 개의 핫스팟을 조합해서

문제해결책을 찾는다.

- **활용**: 신제품 개발을 할 때 효과가 크고 제품 개발에서 벗어나 폭 넓게 사용된다.

10. 역브레인 스토밍 Reverse Brainstoming

Hotpoint 회사에서 개발하였다.

- **목적**: 이미 생성해 놓은 아이디어에 대해 많은 양의 자유 분방한 "비판"을 생성해 내는 사고기법
- **진행**:

❶ 목표와 문제를 확인하기

❷ 각 아이디어에 대한 비판을 생성하기

❸ 해결책 선정하기

❹ 실천 계획을 세우기

EX) 냉장고 문을 투명하게 만들자던 것에 대한 아이디어 비판: 역 브레인스토밍 활용

❶ 냉장고 속이 지저분해 보일 것이다.

❷ 불투명한 문보다 비용이 더 들 것이다.

❸ 문을 깨끗이 유지하기가 더 어려울 것이다.

❹ 문이 깨질 위험이 높을 것이다.

❺ 냉장고의 문을 만드는 기술이 더 요구될 것이다.

11. 평가 행렬법 Evaluation matrix

평가하려던 아이디어를 세로축에 나열하고 평가 준거를 가로축에 적은 평가 행렬표를 만들고 각 기준을 고려하여 모든 아이디어를 판정하는 사고 기법을 말한다.

- **목적**: 아이디어를 준거에 따라 재평가 할 때 사용, 문제해결과정서 사용
- **진행순서** :
  1. 행렬표 준비
  2. 행렬표 완성
  3. 결과 해석

EX) 새로운 냉장고 아이디어 평가를 위한 평가 행렬표

아이디어/ 평가	디자인	성능	안전성	대중성	생산비
냉장고 표면에 아름다운 그림이나 무늬를 넣는다.					
냉장고의 문에 온도 게이지와 스크린을 단다.					
냉장고 안에 들어있는 물품의 내용물을 표기한다.					
냉장고 안을 볼 수 있도록 센서에 의해 반투명으로 만든다.					

12. 쌍비교분석법 PCA(Paired comparison analysis)

목적: 아이디어 간의 비교를 통해 우선 순위가 되는 아이디어를 선정하기 위해 사용한다. 특히 여러 대안들을 우선 순위 또는 등급을 매길 때 사용한다. 한번에 하나씩 어떤 대안과 다른 대안을 서로 비교하여 모든 대안들을 일대일로 비교해 본다. 그런데 이 기법은 비교적 적은 수의 대안들(10개이내)을 비교할 때 사용하기가 가장 쉽다. 대안의 수가 많으면 비교해 보아야 할 대상이 크게 증가하여 혼동을 일으킬 수 있다.

진행:

1. 비교 분석표를 만든다.
2. 각 아이디어의 각 쌍을 비교해 각 칸에 더 중요한 아이디어와 그 점수를 3점 척도(1:약간 중요 2:상당히 중요하다. 3:매우 많이 중요하다)로 기록한다.
3. 점수 구하기: 각 아이디어 옆에 기록된 점수를 더해서 각 아이디어 총점을 구함.
4. 해석하기: 총점을 가지고 가장 우선순위의 아이디어를 선정하고 상대적으로 중요성을 해석한다.

EX) 쌍비교분석법의 예

구분	아이디어 B	아이디어 C	아이디어 D	아이디어 E	총점
아이디어 A	A2	C3	A1	E2	A=3 B=1 C=7 D=0 E=4
아이디어 B		C1	B1	E1	
아이디어 C			C2	C1	
아이디어 D				E1	
아이디어 E					

13. 만다라트 Manda + la 와 art 합성어)

일본 마츠무라 야스오가 개발하였다.

- **목적**: 활짝 핀 연꽃처럼 한 장으로 아이디어를 다양하게 발상해 나가는 데 도움을 주는 기법이다. 아이디어나 문제해결의 대안을 다양한 측면에서 찾으려 할 때, 기존 기술이나 제품을 응용하는 새로운 방법을 찾으려 할 때, 혹은 시나리오를 가상으로 만들 때 사용되기도 한다.

- **진행**:

  ❶ 3x3칸으로 된 사각형을 가로 3개, 세로 3개로 배치하여 총 9개를 제시 한다.

  ❷ 중앙에 있는 사각형의 가운데에 해결하고자 하는 아이디어, 문제, 이슈, 주제 등을 적는다.

  ❸ 위에서 제시한 주제의 하위 주제 8개를 주위에 적는다. 아이디어, 해결책, 독창적인 용도, 주제의 확대 등을 적으면 된다.

EX) 만다라트를 이용한 공예품 사업 작성하기

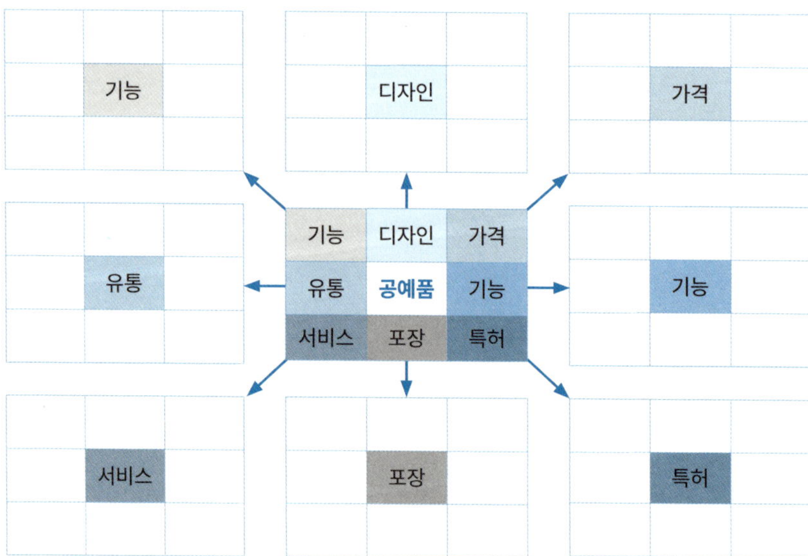

❹ 중앙에 있는 사각형 주변에 있는 8개 사각형의 중심에 하위 주제 8개를 옮겨 적는다.

❺ 8개의 하위 주제에 대해서 8개씩의 아이디어를 생각해서 칸을 채운다.

❻ 총 64개의 아이디어 중 주제별로 최선의 아이디어를 조합하면서 문제해결을 위한 아이디어를 창출한다.

만다라트 기법은 여러 생각을 한 장으로 정리할 수 있다는 특징이 있다. 일본의 괴물 투수 오타니 쇼헤이가 고등학교 1학년때에 작성했던 만다라트는 유명하다.

괴물 투수 오타니 쇼헤이의 만다라트

몸관리	영양제 먹기	FSQ 90kg	인스탭 개선	몸통강화	축을 흔들리지 않기	각도를 만든다	공을 위에서 던진다	손목강화
유연성	**몸 만들기**	RSQ 130kg	릴리즈 포인트 안정	**제구**	불안정함을 없애기	힘 모으기	**구위**	하체 주도로
스테미너	가동역	식사 저녁7숟갈 아침3숟갈	하체강화	몸을 열지 않기	멘탈 컨트롤 하기	볼을 앞으로 릴리즈	회전수업	가동역
뚜렷한 목표,목적을 가진다	일희일비 하지 않기	머리는 차갑게 심장은 뜨겁게	**몸 만들기**	**제구**	**구위**	축을 돌리기	하체강화	체중증가
핀치에 강하게	**멘탈**	분위기에 휩쓸리지 않기	**멘탈**	**8구단 드래프트 1순위**	**스피드 160km/h**	몸통강화	**스피드 160km/h**	어깨주위 강화
마음의 파도를 만들지 않기	승리에 대한 집념	동료를 배려하는 마음	**인간성**	**운**	**변화구**	가동역	라이너 캐치볼	피칭을 늘리기
감성	사랑받는 사람	계획성	인사하기	쓰레기 줍기	부실 청소	카운트볼 늘리기	포크볼 완성	슬라이더 구위
배려	**인간성**	감사	물건을 소중히 쓰자	**운**	심판분을 대하는 태도	늦게 낙차가 있는 커브	**변화구**	좌타자 결정구
예의	신뢰받는 사 람	지속력	플러스 사고	응원받는 사람이 되자	책 읽기	직구와 같은 폼으로 던지기	스트라이크에서 볼을 던지는 제구	거리를 이미지 한

출처:오타니쇼헤이 쇼타임 , 2023

개인의 취업목표를 계획하고 있다면 활용할 수 있다.

동아리 활동	현직자 선배 상담	산학실습	동아리 활동	JLPT 2급 이상	스페인어	대학생 서포터즈	대학생 멘토링	워킹 홀리데이
출석 관리	**학교 생활**	교환학생	토익 900점	**어학 점수**	토익스피킹 6급 이상	대학생 마케터	**대회 활동**	국토 대장정
교수님 추천서	재수강 학점복구	교과 & 팀플	HSK 6급	OPic IH 이상	불어	해외봉사	전공관련 인턴경험	대학생 기자단
기출문항 분석	자소거 가이드 참고	합격 자소서 분석	**학교 생활**	**어학 점수**	**대회 활동**	전산세무/ 회계사	재무관리사	KBS 한국어 능력시험
이력서 관리	**자소서**	기업 분석	**자소서**	**취업 성공**	**자격증**	한국사 자격증	**자격증**	한자 자격증
커버레터 템플릿	자소서 첨삭 받기	영어 레쥬메 템플릿	**면접 준비**	**인적성**	**공모전**	GTQ	사회조사 분석사	정보처리 기사
1분 자기소개	면접 스터디	시사 이슈	HMAT	GSAT	L-TAB	UCC 공모전	디자인 공모전	마케팅 공모전
PT면접	**면접 준비**	토론 면접	LG WAY FIT	**인적성**	CJAT	논문 공모전	**공모전**	사진 공모전
예상질문 리스트	면접 기출문항	인성 면접	포스코 PAT	이랜드 ESAT	두산그룹 DCAT	광고 공모전	수상경력 관리	콘텐츠 공모전

14. Affinity Diagram(KJ기법)

- **정의:** 아이디어의 도출과 그룹핑을 통해 문제를 해결하는 기법으로 창안자인 일본의 Kawakita Jiro의 이름을 따서 KJ라고 부르기도 한다.
- **목적:** 주로 문제해결 과정의 초기 문제의 명확한 정의 및 문제 현상을 List-up하는 과정에서 사용함.
- **진행:**

1단계: 제기된 주제에 대해 아이디어를 메모한다.

❶ 진행자 포함 구성원 모두가 주제에 대한 자신의 아이디어를 메모한다.

❷ 메모 동안 다른 팀원들과 대화는 금지한다.

❸ 메모시간은 3-5분 정도 정한다.

❹ 메모용지는 포스트잇 사용이 좋다.

❺ 메모용지에 하나에 하나씩 아이디어만을 알기 쉽게 기술한다.

2단계: 메모한 아이디어를 나열하고 명료화 한다.

❶ 구성원들이 자신의 아이디어를 모조지에 한 장씩 배열하여 붙인다.

❷ 진행자는 아이디어를 하나씩 읽어가다가 설명이 필요하면 요구해서 명료하게 조정한다.

3단계: 아이디어를 분류한다.

❶ 구성원들이 참여하여 배열된 아이디어가 관련 있는 것끼리 모은다.

❷ 분류작업은 팀원들이 일체의 대화없이 진행한다.

❸ 일정시간(보통 10-20분) 경과 후 분류가 마무리 되면 분류내용 이견을 구성원들에게 물어본다. 이견의 경우 토의를 거쳐 최종, 정리한다.

❹ 관련성이 없으면 분류가 안되는 아이디어는 단독으로 남겨둔다.

4단계: 소제목을 부여하여 Header Card를 만든다.

❶ 분류된 아이디어 그룹마다 테두리를 정해서 영역을 표시한다.

❷ 진행자는 구성원들의 의견을 수렴해서 그 아이디어 그룹을 포괄하는 소제목을 정하고 그 내용을 하드 카드에 기입하여 붙인다.

❸ 서로 연관성이 높은 것은 Header로 선으로 연결시키도록 한다.

❹ 아이디어 그룹 내에 있는 대표성을 띤 아이디어의 내용이 그대로 Header가 될 수 있다. 또한 연관성이 있는 Header를 묶어 Super Header를 만들수도 있다. 이 경우 Super Header는 관련있는 Header들의 선으로 연결하여 위치시킨다.

15. PMI (Plus, Minus, Interesting)

정의: 에드워드 보노(Edward de Bono)가 고안한 창의적 기법이다. 제안된 아이디어의 장점, 단점, 흥미로운 점을 다각적으로 살펴봄으로써 여러 가지 아이디어를 결정하는데 도움을 준다. 특히 아이디어 평가에 많이 사용된다.

진행:

1. 아이디어를 선정하고 해당 주제에 대한 목적 및 배경을 정리한다.
2. 선정한 아이디어의 장점이나 좋아하는 이유를 가능한 모두 열거한다.
3. 선정된 아이디어의 단점이나 싫어하는 이유를 가능한 모두 열거한다.
4. 선정된 아이디어의 흥미로운 점을 가능한 한 모두 열거한다. 그리고 흥미로운 점을 새로운 대안 도출의 원천으로 삼는다.
5. 각 단계에서 산출된 생각을 바탕으로 종합적으로 평가를 내린다.

PMI 차트

PMI 차트		
Plus	Minus	Interesting
장점이나 좋아하는 이유	단점이나 싫어하는 이유	선정된 아이디어의 흥미로운 점
종합의견		
최종결정		

기대효과: 간단하며 다각적인 시각으로 아이디어를 분석할 수 있으며 보다 나은 아이디어를 생성하는 창의적인 사고력을 신장시킬 수 있다. 아이디어를 P,M,I 세가지 관점에서 살펴 보고 다음 결정을 내릴 수 있어 감정에 근거해 충동적으로 판단을 내리는 것을 방지해 준다.
기존 아이디어로부터 새로운 아이디어를 도출할 수 있다.

16. 트리즈 TRIZ(Teoriya Resheniya Izobre tatelskikh Zadach)

겐리히 알츠슐러(Genrich Altshuller) 개발하였다.

- **목적**: 주어진 문제에 대한 가장 예상적인 결과를 정의하고 그 결과를 얻는데 관건이 된 것의 모순이 무엇인지를 찾아내 이를 극복하여 누구도 생각지 못한 창의적이고 혁신적인 해결방안을 얻는 것이다.
- **전제조건**: 발명 문제란 적어도 한 개 이상의 모순을 포함한다.
- **트리즈의 적용 프로세스**

1. 행과 열의 교차감에 적용되는 발명 원리 적용
2. 행의 발명원리 적용, 열의 발명원리 적용, 행열의 발명원리 적용
3. 40가지 발명원리를 모순에 대해 모두 적용해 문제 해결 방안모색
4. 해결하고자 하는 과제로 선정 검색 및 발명이 속한 기술분야 검색
5. 적용기능분야 한정, 최근기술로 한정, 최종 해결안 선정

- **발명의 유형**

유 형	방 법
1.분할 Segmentation, Division	- 쪼개어 사용, 물체를 독립적인 부분으로 나눔, - 물체를 분해가 쉽도록 설계한다. - 물체의 분해 정도를 증가시킨다.
2.추출 Taking out, Extraction	- 필요한 것만 뽑아 쓴다. - 물체로부터 필요없는 부분이나 물성(property)을 추출한다. - 물체로부터 필요한 부분이나 물성만 추출한다.
3.국부적 품질 Local Quality	- 전체를 똑같이 할 필요는 없다. - 물체의 구조 또는 환경을 균질 상태에서 비균질(non-uniform)상태의 구조로 바꾼다. - 다른 부품에 대해서 다른 유익한 기능을 설정한다. - 물체가 각 부분이 최상의 동작 조건이 되도록 한다.
4.비대칭 Asymmetry	- 비대칭으로 바꾼다. - 대칭형을 비대칭형으로 바꾼다. - 객체가 이미 비대칭이라면 비대칭 정도를 더 높인다.
5.통합 Consolidation, Merging	- 한번에 여러 작업을 한다. - 동일, 유사, 또는 연관된 기능을 수행하는 물체들을 가깝게 또는 한데 모은다. - 동일, 유사, 또는 연관된 기능을 동시에 수행 하도록 동작들을 결합한다.

유 형	방 법
6.다용도 Multifunction, Universality	- 하나의 부품을 여러 용도로 사용한다. - 하나의 객체가 여러 가지 서로 다른 기능들을 수행할 수 있다. 따라서 다른 부분들의 필요성을 줄인다.
7.포개기 Nesting, Nested dolls	- 포개기, 안에 집어 넣기 - 하나의 객체를 다른 객체 속에 넣는다. - 하나의 객체가 다른 객체의 구멍 속을 통과한다.
8.평형추 Counterweight, Anti-weinght	- 지구 중력으로부터 무게를 회피한다. - 올리는 힘이 커질 수 있는 다른 물체와 연결하여 대상의 무게를 상쇄 시킨다.(공기역학적 힘, 우체역학적 힘) 등.
9.사전 반대조치 Preliminary Counter Action, Preliminary Anti-Action, Prior Counter Action, Preliminary Anti-Action	- 미리 반대 방향으로 조치를 취한다. - 미리 요구되는 작용의 반대 작용을 수행한다. - 지나치거나 바람직하지 못한 스트레스를 보정하기 위해 미리 반대의 응력을 준다.
10.사전조치 Preliminary Action	- 미리 조치한다. - 미리 물체를 가장 편리한 위치에 두고 공급에 필요한 시간 낭비를 줄인다.
11.사전 예방조치 Preliminary Compensation, Beforehand cushioning	- 미리 예방 조치를 취한다. - 물체의 신뢰성이 낮으면 미리 준비된 다른 수단으로 상쇄 시킨다.
12. 위치유지 Equipotentiality	- 위치 변화를 제한한다. - 물체를 들어 올리거나 내릴 필요 없는 작업조건을 변화 시킨다.
13. 역방향 Do it Reverse, The other way round	- 반대로 해본다. - 문제 해결에 요구되는 작용을 거꾸로 한다. - 고정 부품은 움직이게, 유동 부품은 고정 시킨다. - 물체를 돌리거나 뒤집어라.
14. 곡선화 Curvature Increase, Spheroidality	- 직선을 곡선으로 한다. - 물체의 형태를 직선에서 곡선으로 바꾼다. - 롤러, 볼, 나선형, 돔을 이용한다. - 직선운동을 회전 운동으로 바꾼다.
15. 자유도 증가 Dynamicity, Dynamics	- 부분, 단계마다 자유롭게 움직이기, 물체의 특성이나 외부 환경을 동작 단계마다 최상이 되도록 가변 시킨다. - 물체를 서로 상대적으로 움직이도록 분리한다. - 물체를 가변되게 또는 움직이게 한다.

유 형	방 법
16. 초과나 과부족 Partial or Excessive Actions	- 지나치거나 부족하게 행동하기. 100% 완벽한 것을 얻기 위해 비싼 대가를 치르기 보다 '조금' 혹은 '조금 덜'하는 방법으로 해결한다.
17. 차원변화 Dimension Change, Another Dimension	- x축 혹은 y축 등으로 차원을 바꾼다. - 1차원적 물체의 배치나 운동을 2차원적, 3차원적으로 바꾼다. 1층대신 다층을 활용한다. - 물체를 기울이거나 돌린다. - 물체의 다른 면을 활용한다.
18.진동 Mechanical Vibration	- 진동을 이용한다. - 물체가 진동 운동하게 한다. - 물체의 고유 진동수 및 공진을 이용한다.
19.주기적 작용 Periodic Action	- 연속적으로 하지 않고 주기적으로 한다. - 연속적 작용은 주기적 순간 작용으로 바꾼다. - 작용이 이미 주기적이면 주파수를 바꾼다. - 작용과 그 다음 작용사이의 시간 터울을 이용하여 주기적으로 작용을 한다.
20.유용한 작용의 지속 Continuity of Useful Action	- 유용한 작용을 쉬지 않고 지속한다. - 지속적으로 유용한 작용을 가능하게 한다. - 병목 현상을 제거한다.
21.급히 통과 Rushing Through, Skipping	- 유해 하다면 빨리 진행해 버린다. - 가장 위험하고 유해한 영향에서 벗어나기 위해서 고속으로 진행한다.
22.전화위복 Convert Harmful to Useful, Blessing in disguise, Turn Lemons into Lemonade	- 유해한 것을 유익한 것으로 바꾼다. - 바람직한 효과를 얻기 위해서 해로운 요소를 활용한다. - 유해한 요소를 또 다른 유해한 요소와 결합하여 제거한다. - 더 이상 유해하지 않을 범위까지 유해한 정도를 증가한다.
23. 피드백 Feedback	- 피드백을 도입한다. - 이미 피드백이 존재하면 그 크기나 영향을 바꾼다.
24.중간 매개물 Intermediate, Intermediary	- 직접 하지 않고 중간 매개물을 이용한다. - 작용을 수행하거나 전달하기 위해 중간 매개물을 사용한다. - 객체에 쉽게 제거될 수 있는 다른 객체를 임시로 결합한다.
25.셀프서비스 Self service	- 저절로 기능이 수행되게 한다. - 물체 스스로 유익한 작용을 하고 유지보수 할 수 있게 한다. - 버리는 자원, 물질과 에너지를 이용한다.
26.복사, 복제 Copy, Copying	- 복잡하고 비싼 것으로 대신 간단한 것으로 복제한다. - 객체나 프로세스를 사진으로 대체한다.

유 형	방 법
27. 값싸고 짧은 수명 Cheap Short Life, Cheap short living objects	- 한번 쓰고 버린다. - 비싸고 수명이 긴 물체 대신 값싸고 수명이 짧은 일회용품을 사용한다.
28.기계시스템의 대체 Replacing Mechanical System, Mechanics substitution	- 기계적 시스템을 광학, 음향시스템으로 바꾼다. - 기계적 수단을 시각,청각, 미각,후각과 같은 수단으로 바꾼다. - 물체와 상호작용 할 수 있는 전기적, 자기적, 전기 자기적 장(Field)을 이용한다.
29.공기 및 유압사용 Pneumatics and Hydraulics System	- 공기나 유압을 사용한다. - 물체의 고체 부분을 기체나 액체로 대체한다. - 기체나 액체 부분은 팽창을 위해 공기나 물을 사용한다.
30. 얇은 막 Flexible Membranes and Thin Films, Flexible shells and thin films	- 얇은 막 또는 필름을 사용한다. - 통상적인 구조물을 유연한 막이나 얇은 필름으로 대체한다. - 유연한 막이나 얇은 필름을 이용하여 격리 시킨다.
31. 다공성 물질 Porous Materials	- 미세한 구멍을 가진 물질을 사용한다. - 물체를 다공성으로 만들거나 다공성 물질을 사용한다. - 물질에 있는 구멍을 이용한다. - 이미 물질이 다공성이라면 구멍을 유익한 어떤 물질 또는 기능으로 채운다.
32. 색깔변화 Changing Color, Color changes	- 물체 또는 환경의 색을 바꾼다. - 색깔 변화 등 광학적 성질을 변화시킨다. - 물체 또는 환경의 투명도를 바꾼다.
33. 동질성 Homogeneity	- 같은 재료를 사용한다. - 본체와 상호작용하는 주변 물체는 본체와 동일한 재료로 만든다. - 동일한 재료가 불가능하면 비슷한 특성을 지닌 재료로 만든다.
34.폐기 및 재생 Rejection and Regeneration, Discarding and recovering	- 다 쓴 것은 버리거나 복구한다. - 사물이 기능을 다하면 폐기 하거나 도중에 개조한다. - 폐기하는 것에서 버리기, 녹이기, 증발시키기 등이 있다.
35.속성변화 Parameter Changes	- 물질의 속성을 변화시킨다. - 시스템의 물리적 상태(기체,고체,액체)를 변화 시킨다. - 농도나 일관성을 변화시킨다. - 유연성의 정도를 변화 시킨다.
36. 상전이 Phase Transformations, Phase Transitions	- 상전이 현상을 이용한다. - 상전이때 부피변환, 열의 발산, 형상의 변화 등을 이용한다.

유 형	방 법
37. 열팽창 Thermal Expansion	- 물질의 팽창과 수축을 이용한다. - 온도변화에 의한 물질의 팽창과 수축을 이용한다. - 열팽창계수가 다른 여러 가지 재료를 이용한다.
38.산화제 Oxyden, Strong Oxidants	- 산화도를 향상 시킨다. - 한 수준의 산화로부터 더 높은 산화로 바꾼다. - 일반 공기는 산소로, 산소는 오존으로 바꾼다.
39.불활성 환경 Inert Environment, Inert atmosphere	- 불활성 환경을 바꾼다. - 정상적인 환경을 비활성 환경으로 바꾼다. - 사물에 중성 물질이나 중성의 첨가제를 넣는다. - 진공 속에서 작업한다.
40. 복합재료 Composite Materials	- 복합재료 동질의 재료를 복합재료로 바꾼다.

기대효과: 제품개발 시 발생되는 문제점을 40가지의 원리 등 특유의 트리즈기법으로 접근함으로써 단순한 문제를 개선하는 차원을 뛰어 넘어 혁신적 문제 해결이 가능하다는 특징을 갖고 있다. 예컨대 제품 및 부품을 기능 위주로 분석하여 다른 부품이 기능을 대신하거나 해당 부품이 필요 기능을 수행하도록 변형하는 등의 재설계를 통해서 개발 비용 등을 절감할 수 있다. 또한 제품의 진화과정을 예측함으로써 시장을 선점 할 제품을 개발할 수 있다는 것도 트리즈의 장점이다.

17. OS(Object/Solution) Matrix

정의: OS매트릭스는 R&D의 목적과 해결수단 두 가지의 변수를 이용하여 매트릭스를 작성하고, 매트릭스내에 특허 데이터수를 대응시켜 분포 형태, 내용 등을 분석함으로써 R&D의 가능성을 평가하고 R&D의 개발 방향을 좁혀 나가는 기법이다.

OS 매트릭스 작성 방법

❶ R&D 목적 및 해결수단의 정의

❷ 목적 및 해결수단의 단순화(그룹핑)

❸ OS 매트릭스 작성

❹ 공백 기술 및 포화기술 도출

- 해결과제 및 수단은 발명이 해결하고자 하는 과제, 발명의 효과, 요약정리
- R&D의 목적과 해결수단을 변수로 만들기 때문에 그룹핑이 가장 중요함
- 그룹핑 되었다면 가로축, 세로축을 항목은 크게 중요하지 않고 각각의 칸에 해당 목적과 해결 수단에 속하는 특허 데이터 수를 기입한다.
- 데이터 수를 기입할 때 숫자가 0이면 공백기술 그렇지 않으면 포화기술로 표현한다. 공백기술 선정시 주의할 점은 해당 목적과 해결수단이 상응 할 수 있는가이다.

OS 매트릭스의 양식의 예

수소 저장기술의 작성 예

<table>
<tr><th colspan="2">해결과제</th><th colspan="4">해 결 수 단</th></tr>
<tr><td rowspan="3">능력
향상</td><td>반응효율 향상</td><td>방향족
고리화합물</td><td>질소원자
고리화합물</td><td>톨루엔계
중합체</td><td>소분자 및 기
타물자</td></tr>
<tr><td>수소저장
용량향상</td><td>10</td><td>11</td><td>1</td><td>4</td></tr>
<tr><td>친환경</td><td>7</td><td>2</td><td rowspan="4">공백
기술</td><td>3</td></tr>
<tr><td rowspan="2">경제성</td><td>비용절감</td><td>9</td><td>7</td><td>6</td></tr>
<tr><td>에너지공급향상</td><td>5</td><td>4</td><td>8</td></tr>
<tr><td rowspan="2">안정성</td><td>열안정성확보</td><td>공백기술</td><td>4</td><td>2</td></tr>
<tr><td>촉매내구성향상</td><td>4</td><td>3</td><td colspan="2">공백기술</td></tr>
</table>

18. M/T Matrix

- **정의**: M/T 매트릭스는 O/T 매트릭스와 유사한데 목적/수단 대신에 시장(Market)의 요구 수준과 이를 해결하기 위한 기술(Technology) 또는 부품을 기준으로 매트릭스를 작성하여 분석하는 것이다.

- **작성방법**: 한 축은 시장요구 카테고리에 제품의 세부속성을 매칭하여 정리하고, 다른 한 축은 제품의 구성요소 또는 공정의 세부단계를 정리한 후에 교차점에 해당 특허를 맵핑한 결과를 이용하여 기술과제를 도출할 수 있다.

- **M/T 매트릭스의 예**

시장요구 카테고리	세부 속성	OS	멀티 미디어	안테나	배터리	전원 장치
성능	통화 품질					
	통화 속도					
신뢰성	배터리 수명					
	제품 수명					
	보안 문제					
편의성	휴대성					
	소형화					
	입력 방식					
다양성	디자인 향상					
가격	도매가					
	소비자가					

- **기대효과** : 시스템 또는 공정을 이루는 모든 요소에 대해 망라적으로 기술과제를 도출할 수 있도록 한다. 세부속성 단위, 셀 단위로 기술진화 방향 분석도 수행 할 수 있다. 이 경우 기술과제의 우선순위를 정할 때 세부속성에 대한 구성요소의 민감도를 고려 하는 것이 적은 노력으로 큰 효과를 볼 수 있다.

19. TEMPEST 분석

정의: TEMPEST 분석은 관점을 Treatment(처리), Effect(효과), Material(재료), Product(제품), 또는 Process(공정), 그리고 Structure(구조)로 한정하고 접근하는 방법이다. 매트릭스는 다양한 관점을 가지고 임의적으로 작성할 수 있음에 비해, TEMPEST는 다음과 같은 기술적 내용으로 한정하고 이러한 관점으로 분석하게 된다.

TEMPEST의 분석관점과 내용

분석 관점	내 용
처리(Treatment)	온도, 속도, 시간, 주기, 압력, 주파수, 습도, 위치, 사용량
효과(Effect)	목적, 성능, 효율, 자동화, 휴대, 조작성, 간편, 품질, 안정성, 신속성, 비용, 경량화, 자동화, 신뢰성
재료(Material)	재료, 재질, 소재, 성분, 원료, 첨가물, 촉매, 용매, 합금, 원소
공정(Process)	제조방법, 가공방법, 방식, 시스템, 수단, 조립법
제품(Product)	물품, 생산물, 산출물, 생성물, 부품, 가구, 공구, 장치, 설비
구조(Structure)	구조, 형상, 기구, 회로, 요소

20. IDEO의 디자인 씽킹 3단계

IDEO는 미국의 디자인 혁신 기업이다. 아이디오(IDEO)의 창업자는 스텐퍼드 대학의 교수인 데이비드 캘러(David Kelley)이다. 아이디오의 유명한 디자인은 1980년엔 애플의 첫 번째 마우스를 만들었다. 또한 프록터앤 갬블의 스위퍼(Swiffer), 청소기를 디자인 하였다. 레드닷(Red Dot) 디자인 어워드 38회, IF 디자인 어워드 28회 등 총 350여개의 디자인 상을 수상 하였으며 1,000개의 특허 보유 기업이다. BCG(Boston Consulting Group) 선정 가장 혁신적인 기업이며 포춘(Fortune) 선정, MBA 선정 가장 입사하고 싶은 기업 100에서 16위에 오른 기업이 바로 IDEO이다.

아이디오(IDEO)의 디자인 씽킹 3단계

1. Inspiration(영감): 관찰, 공감, 협력하여 영감을 얻는다.
2. Ideation(아이디어화): 통합적 사고 및 분산과 수렴 과정을 통하여 구체적인 아이디어를 얻는다.
3. Implementation(구현): 프로토타입을 만들고 테스트하고 실패하면 개선하는 일을 반복한다.

IDEO 디자인 씽킹은 '사용자 경험'을 중시한다. 사용자 관점의 문제를 정의하고 관찰과 인터뷰, 경험 등을 통해 사용자를 이해하고 니즈를 찾는다. 이를 바탕으로 아이디어 도출 후, 사용자들을 대상으로 프로토타입을 테스트하고 수정하는 과정을 반복한다. 이 과정은 사용자들에게 높은 만족감을 줄 수 있는 솔루션을 낼 수 있는 동시에 기존 아이디어를 탈피하고 새롭게 창의적인 혁신으로 이루어 지도록 한다.

Tom Kelley가 지은 The art of Innovation에서 조직내 창의성과 혁신을 육성하는 것이 중요하며 5가지를 강조하였는데

1. 혁신은 천재 혼자의 결과가 아니라 협력하고 아이디어를 공유하는 팀의 작업.
2. 디자인 사고는 강력한 도구이며 사용자의 요구사항을 이해하고 충족시키기 위해 지속적인 솔루션을 개발하는 것이 중요하다.
3. 실패는 프로세스의 일부로서 부정적인 결과로 보기 보다는 개선할 사항으로 이해.
4. 공감이 중요하며 조직은 사용자와의 공감을 개발하여야 한다.
5. 혁신은 어디서나 나올 수 있으며 누구든 잠재력을 활용하기 위해 조직은 창의적인 사고를 장려하고 보상하는 환경을 조성하여 조직의 일원이 창의적인 혁신 프로세스에 동참하는 기회를 제공하여야 한다.

21. 구글의 10가지 디자인 원칙

구글은 10가지의 단순한 디자인의 원칙이 있으며 10가지를 중심으로 디자인을 한다. 한 기업이 디자인의 독특한 색깔을 내기 위해서는 기업의 철학적인 사고 내에서 디자인이 이루어지면 기업의 특성을 잘 반영한 디자인이 나올 수 있다.

구분	내 용
유용(Useful)	사람의 삶, 일, 꿈에 집중하라.
신속(Fast)	천분의 일초가 중요하다.
단순(Simple)	단순한 것이 더 강력하다.
참여(Engaging)	초심자부터 전문가까지 끌어들여라.
혁신(Innovation)	과감한 혁신이 필요하다.
보편(Universal)	세상을 위하여 디자인하라.
유익(Profitable)	오늘과 내일의 사업을 위해서 계획하라.
아름다움(Beautiful)	마음이 혼란하지 않고 눈을 즐겁게 하라.
신뢰(Trustworthy)	사람의 신뢰를 얻을 수 있도록 한다.
개인(Personable)	인간적인 감동을 더한다.

또한 구글의 디자인씽킹 센터의 디자인 프로세스를 밑에서 볼 수 있으며 이를 통해 디자인 프로세스를 기업 특성에 맞게 도입할 수도 있다. 구글의 특성은 단순하며 목적이 분명하며 스피드한 결정이 특징이다.

구글의 디자인 프로세스

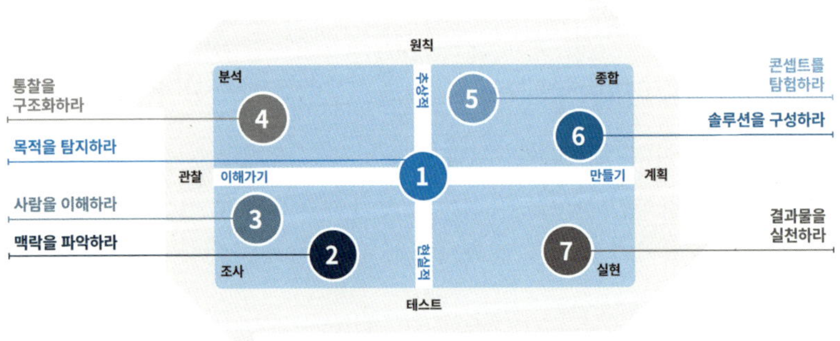

자료출처: 혁신모델의 탄생

22. 일반적인 사회조사 프로세스

캡스톤디자인에서 사업이나 프로젝트를 위한 시장조사 시 설문을 통한 자료조사를 할 때 일반적인 프로세스는 다음과 같다. 프로젝트나 용역을 통한 조사, 연구도 캡스톤디자인에 포함된다.

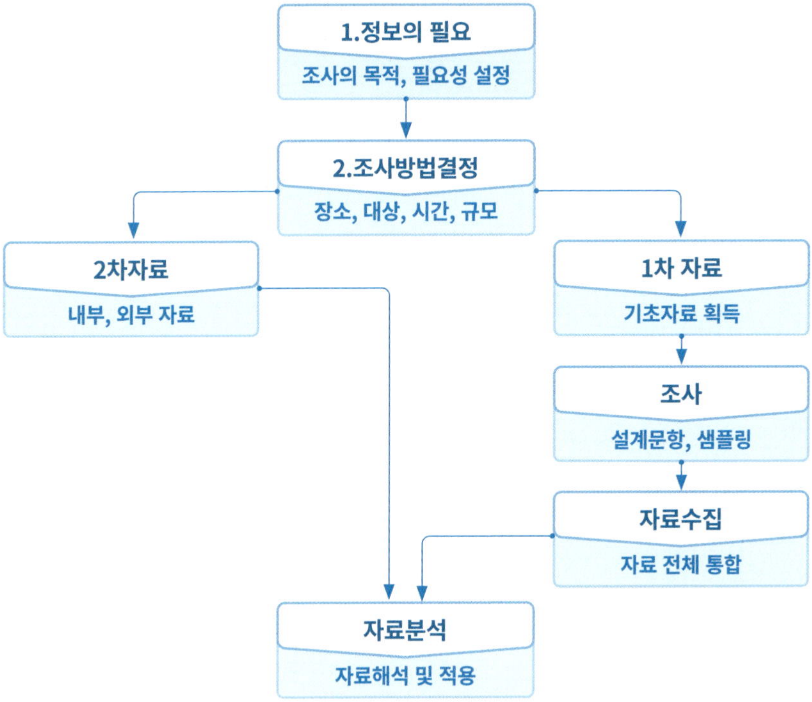

연구절차는 각 연구방법의 유형에 따라서 서로 다르다. 예를 들면 문헌적 연구와 실증적 연구의 방법과 절차가 다르다. 이런 조사방법을 통한 연구결과도 캡스톤디자인에서 가능하다. 먼저 연구문제 선정을 위하여 연구영역을 선택하고 연구할 문제를 서술한다. 그다음 조사목적과 필요성을 설정하고 조사의 구체적인 세부 조사사항들을 결정한다. 그리고 문헌적 검토를 하는데 연구가설 설정을 위한 근거를 찾는 연구방법이나 연구결과의 해석에 도움이

될만한 내용과 자료를 얻기 위해서 문헌적 자료를 분석 한다. 연구모형을 세우고 가설을 설정하며 측정도구에 대한 결정을 한다. 연구설계가 끝나면 주어진 자료에 대한 해답을 얻거나 주어진 가설을 검증하기 위해서 자료수집을 한다. 자료는 일반 서적이나 간행물을 통해서 얻을 수 있고(2차자료), 대상을 직접 조사하여 얻을 수도 있다(1차자료). 연구자료의 검증을 통해서 기각 여부를 확인하고 연구보고서 결과를 작성하게 된다. 연구결과 보고서는 연구의 목적, 연구문제, 연구방법, 연구절차, 연구결과 및 해석 등을 포함한다. 연구보고서 작성은 일반적으로 정확성, 명확성, 간결성, 윤리성 등을 생각해서 작성한다. 학생들이 공동으로 사회적 문제를 발견하고 이를 조사해서 실질적인 결론을 얻는 과정을 통하여 사회문제 접근, 사실확인 결론과 대안을 제시하는 과정을 통해 사회에 대한 이해도를 높여준다.

XI.

아이디어 선정 및 평가

01. 아이템은 전략적 우위성 확보가 중요하다.

캡스톤 디자인에서 나온 아이디어로 제품화 되었다면 과연시장에서 소비자가 원하는 것을 채워줄 수 있을까? 기업의 입장에서 한번 살펴보자. 아이디어가 시장에서 고객들이 선호할 것인가는 상품성을 의미한다. 고려해야 할 중요 요소 중에 제일 중요한 것은 누가 고객인가 하는 것이다. 고객도 유아상품의 경우는 구매고객(부모님 등)과 사용자 고객(유아)이 다르다. 또한 화장품의 경우는 고객을 세분화할 때 여성용 화장품이라는 시장 고객보다는 20-30대 직장 여성이라는 구체적이고 더 세분화된 시장이 더 좋다. 만든 제품은 과연 팔릴까? 이를 알아보기 위해서는 먼저 시장조사가 필요하다. 먼저 아이디어로 만든 제품이 시장에서 판매가 가능하고 경쟁사와 비교하여 전략적 우위에 있는지 판단이 필요하다. 아래와 같은 도표를 통하여 제품이 경쟁력이 있는지 알아볼 수 있다. 도표에서 보면 집중화는 제품의 고객이 세분화 되어 있고 지역적 차이를 극복하는 시장성을 검토하여 집중화 전략이 가능토록 하는데 있다.

시장 집중화 전략은 특정 시장, 특정 소비자 집단, 일부 제품종류, 특정 지역 등을 집중적으로 공략하는 것을 의미한다. 원가우위전략과 차별화 전략이 전체 시장을 대상으로 한 전략임에 반해 집중화 전략은 특정 시장에만 집중하는 전략이다. 일반적으로 기업의 자원이 제한되어 있기 때문에 기업들은 특화된 영역 안에서 원가우위나 차별화 전략을 추구하게 된다. 이 경우 원가우위에 대한 집중화로써 원가 측면에서 우위를 점하는 것이 가능하며, 차별화에 의한 집중화 전략은 작은 범위의 제품에 집중함으로써 오히려 대규모의 차별화를 추구하는 기업보다 더 빠른 혁신이 가능하다.

시장의 선점 전략은 어떤 기업에서 새로운 전략을 집행하는 것인데, 처음이기 때문에 경쟁사가 모방하거나 대응책을 강구하지 못하게 하거나 특허 등 진입장벽을 높이고 자산이나 기업의 역량을 창출한다. 특히 타이밍이 중요한데 시장 진입 초기에 브랜드 확산에 전력하여 브랜드 인지도를 높이고 투자를 집중하는 것이 필요하다. 또한 기존의 제품과 차별화를 선호하는 경향으로 신제품을 생각하는 경우 차별화는 남들과 다른 것이 아니고 "더 나은" 것임을 명심해야한다.

제품 시장화 가능성을 위한 경쟁력 우위성

경쟁 우위 관점	영향 요인	경쟁력 정도				관련 내용
		❶ 강력	❷ 높음	❸ 보통	❹ 낮다	
집중화	제품, 시장, 지역				★	제품시장
원가 우위	불필요기능	★				기능단순화
	디자인혁신	★				생산의 용이성
	생산/운영의 개선				★	기계화, 표준화
	규모의 경제	★				생산비 규모확대에 따른 생산비 절감
	경험곡선		★			축적된 생산기술에 따른 원가절감

경쟁 우위 관점	영향 요인	경쟁력 정도				관련 내용
		① 강력	② 높음	③ 보통	④ 낮다	
차별화	품질	★				품잘 우선
	네이밍				★	마케팅 전략
	고객별지향		★			만족도 우선
	브랜드로얄티확보		★			전략적 제휴
	제품의미확장개념				★	
	특허권획득		★			지식자산확보
	부가서비스제공				★	옵션 확대
	기술적인 우월성	★				경쟁적 우위
	디자인혁신	★				
	유통망차별화				★	유통망의 다양화
	제품라인차별화	★				고객요구 수용
시장선점	공급망확보	★				국내/외 공급망 확보
	협력(제휴)				★	전략적 제휴
	최초개발제품		★			시장 인지도 확보
	생산시스템확보		★			지속 가능성
	글로벌시장선점				★	시장확대 진출
	우수개발인력확보		★			연구인력 확보
	사업투자비 확보				★	사업확대/성장

02. 신제품 개발 평가 NPD(New Product Development)

신제품은 5가지로 유형을 나눌 수 있다. 첫째는 새로운 제품군으로 시장에 존재하지 않았던 새로운 제품이다. 두 번째는 기존 제품의 혁신적 발전이다. 이는 기존의 제품을 기술적 측면에서 발전시킨 것이다. 세 번째는 기존 제품의 응용이다. 이는 제품을 응용하여 신제품 출시를 하는 것이다. 네 번째는 기존 제품의 약간의 변화이다. 기존 제품의 재질이나 사양, 색상, 기능 등 변화되어 향상된 것을 말한다. 마지막으로 제품군을 위해 타 기업 성공제품 모방이 있다. 신제품의 개발전략 유형은 선제전략과 대응전략이 있는데 먼저 선제전략은 고객의 니즈를 토대로 하는 전략이다. R&D전략은 잠재적 니즈를 예측하고 통찰력으로 신제품을 개발하고 잠재적인 니즈를 불러 일으켜야 한다. 반면 대응전략은 모방전략으로 성공제품과 유사품을 출시할 수 있고, 경쟁제품보다 우수한 제품을 개발하는 것이다. 방어전략으로는 경쟁 신제품이 출시되면 매출이 부진한 자사의 기존 제품을 보호하기 위해 방어전략을 추진한다. 소비자의 기호들이 너무 빠르고 다양하게 변하기 때문에 소비자들의 기호를 제대로 파악하지 못하면 어려움에 봉착한다고 한다. 맥킨지의 보고서에 의하면 매년 20% 성장하는 시장의 기업들 대상으로 조사한 결과 신제품의 출시가 6개월 늦어지면 제품의 수익성이 1/3 정도 감소한다고 한다. 경쟁도 치열해져서 전략을 세워야 한다.

다음은 신제품의 평가로서 아이템이 신제품 개발 평가에 따른 기준을 말한다.

■ 신제품 개발 ITEM 선정

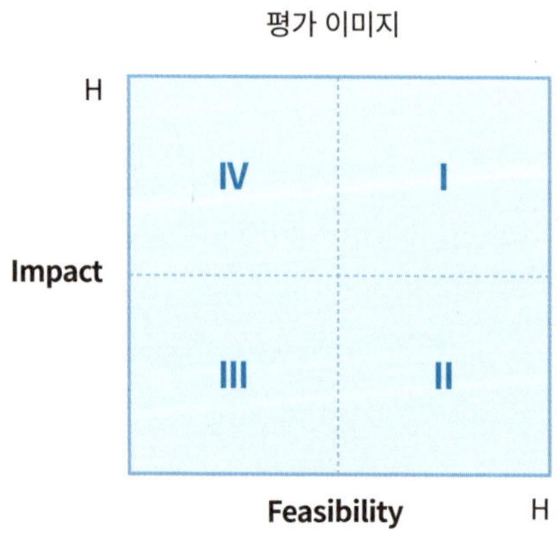

- I: Item 채택 및 출시
- II: Impact 향상 방안 재검토
- III: Item 탈락
- IV: 실행 용이성 재검토

■■ 신제품 개발 평가기준 예

구분		가중치	5	4	3	2	1
Impact (50)	시장규모	20	유통별, 유행별 매출규모				
	소비자 need	20	아주 강함	강함	보통	미약	거의 없음
	성장가능성	10	매우 크다	큼	정체	감소	대폭 감소
Feasibility (50)	기술적 차별	10	최초/ 독보적	경쟁사 우위	경쟁사	모방	거의 없음
	마케팅 집중지원	20	전략적 집중		수준		거의 없음
	출시 적시성	10	아주 적절	적절	수준 보통	부적절	부적절 큼
	진입장벽 소유	10	아주 높음	높다	보통	약간 있음	없음

03. 사업 타당성 평가

아이디어를 통한 아이템별 5가지의 제품 속성 수준을 가중치에 비례하여 점수를 통한 합계에 의해서 사업성을 평가할 수 있다.

각 평가당 5점 만점에 몇 점인지를 평가해서 사업성을 종합적으로 판단한다. 만약 수익성이 없으면 사업의 시작은 어렵다. 사업성 평가 중요도의 순위를 보면 수익성, 시장성, 기술성, 사회기여도, 독창성의 순이며 지속가능성도 추가적일 수 있다.

평가	내용
기술평가	• 기술개발하고 생산할 수 있는지 여부를 평가함. • 상품의 적합성, 상품의 독점성
시장성평가	• 시장이 존재하는지, 성장하는지 등의 여부를 평가함 • 시장규모, 경쟁성, 시장의 장래성
수익성평가	• 수익을 창출할 수 있는지 여부를 평가함 • 생산비용의 효율성, 적정이윤 보장성
독창성평가	• 기존 제품과 서비스에 비해 얼마나 새롭고 독특한지 여부를 평가함
사회기여도평가	• 관습에 위배되지 않고 문화, 사회 발전에 기여하는지 여부를 평가

사업화

5 PART

XII. 마케팅(Marketing) 계획

01. 마케팅 전략체계
02. 고객분석의 틀
03. 구매 의사결정의 주체
04. 소비자 구매 의사결정
05. 시장 세분화, 표적시장, 포지셔닝
06. SWOT분석
07. 가격 결정 방법과 특성 비교
08. 브랜드명 선정기준
09. 판매촉진
10. 신제품이 실패 한 이유

XIII. 사업계획서 작성

01. 사업계획서
02. 신제품 Plan 작성-개발 계획서
03. Business model canvas 구성
04. 지식재산권

XII. 마케팅 계획 Marketing Plan

01. 마케팅 전략체계

마케팅은 3C 즉 고객분석, 자사분석, 경쟁분석을 통하여 시장세분화, 표적시장, 포지셔닝, 차별화, 가치영역의 전략적 요소들을 통해 세부 전략을 계획할 수 있다.

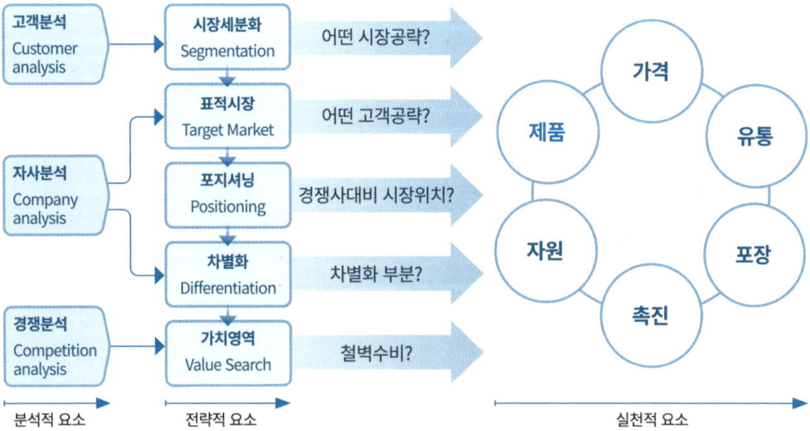

02. 고객분석의 틀

고객은 가장 중요한 요소로서 제품을 구매하고 사용하고 평가하는 집단이다. 따라서 고객을 잘 관리하는 것은 제품의 수명을 관리 하는 것과 같다.

질문	고객행동유형	답변(내용)
고객은 누구인가?	구매자? / 사용자?	
고객은 무엇을 사는가?	수량(한번구입), 브랜드, 용법, 기능, 서비스, 권위(자랑)	
어디서 사는가?	오프라인/ 온라인, 편의점, 백화점, 대형쇼핑점, 할인점, 전문점, 홈쇼핑	
언제 사는가?	계절, 월, 주, 일 의 시간대. 프로모션 중, 세일 중	
어떻게 선택하나?	여러 사람 얘기를 듣고 판단, 신중한 구매과정을 거 쳐서, 제품정보를 찾고서, 자신의 충동구매	
제품 선택 이유?	기능, 브랜드, 이미지, 서비스, 눈에 띔, 가격	
왜 재구매 하나?	만족, 목적달성, 욕구충족	
왜 재구매 안하나? (수정구매)	제품불만족, 서비스불만족, 품질의 불만족, 종업원의 불만족, 가격 불만족, 기업이미지 불만족	
마케팅 전략 계획 수정?	제품, 가격, 유통, 광고, 프로모션, 서비스, 포장	

03. 구매 의사결정의 주체

합리적이고 효율적인 소비 생활을 위해 소비자가 최선의 의사결정을 하는 것이 구매의사결정 과정이다. 구매의사결정 과정은 주어진 자원의 범위 내에서 합리적이고 효율적으로 상품 및 서비스를 구매하여 최대의 만족을 얻기 위한 소비자의 의사결정 과정을 뜻한다. 일반적으로 구매의사결정 과정은 “문제 인식”, “정보탐색”, “대안평가”, “구매”, “구매 후 평가” 의 다섯 단계를 거친다.

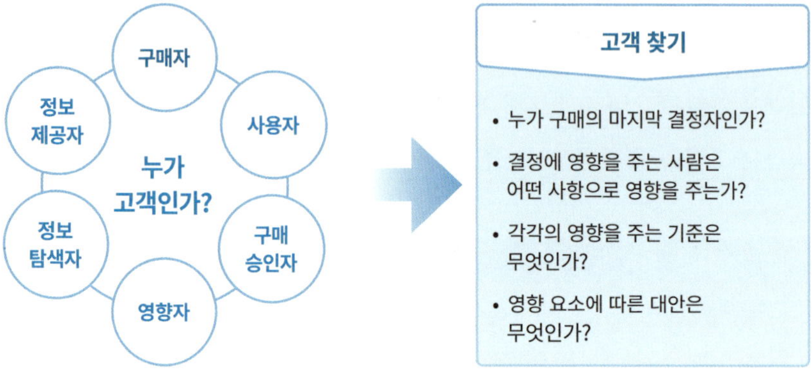

그럼 소비에 미치는 영향은 누구인가? 이를 구매센터(Buying center)라고 하는데 구매센터는 구매 결정 과정에 참가하거나 결정에서 생기는 공통의 목표나 위험을 공유하는 모든 개인 또는 집단이다. 영업도 구매센터의 내부 영향자에 따라서 대응전략이 달라진다.

04. 소비자 구매 의사결정

소비자가 충족시켜야 하는 욕구가 각성 되면 욕구 충족을 위하여 정보를 탐색하고 여러 대안들을 비교, 평가한다. 이러한 평가 과정을 거쳐서 특정의 브랜드나 제품을 선택, 구매하게 된다. 구매 후에 소비자는 항상 자신의 의사결정에 대하여 만족 혹은 불만족을 기억에 저장하며 다른 사람의 구매 행동에 영향을 미치기도 한다.

구매 의사결정 과정은 다음과 같다.

❶ 욕구인식 (내적, 외적 자극) : 사고 싶다는 생각이 생김

❷ 정보탐색(정보 혹은 경험) : 정보를 찾거나 얻는다. 경험을 통하여 유추한다.

❸ 대체안 평가(니즈, 편익, 제품 속성 평가) : 선택안을 놓고 고민함

❹ 구매 결정(브랜드, 살 장소, 수량, 시간, 지불 방법) : 브랜드나 구입장소 등을 선택

❺ 구매 후 평가(만족, 불만족, 구매 후 행동) : 구매 후 제품에 대한 평가

05. 시장 세분화 Market Segmentation, 표적시장 Targeting, 포지셔닝 Positioning

시장세분화, 표적시장 선정 그리고 포지셔닝은 기업이 개별 고객의 선호에 맞춘 제품 혹은 서비스를 제공하여 타사와의 차별성과 경쟁력을 확보하는 마케팅 기법이다. 시장에서 경쟁제품이 증가하여 기존의 대량생산 체제에서 대중 마케팅 (Mass Marketing)으로는 더 이상 경쟁력을 갖기가 어려워졌다. 미국의 켈로그경영대학원 석좌교수인 필립코틀러(Philip Kotler)는 기업이 시장을 세분화하여 새로운 고객을 유치하고 지속적인 수익을 낼 수 있도록 STP모델을 제시하였다.

시장세분화 Segmentation	• 세분화 변수 도출 및 세분화 실시 • 세분화 시장별 특성파악
↓	
표적시장 선정 Target	• 각 세분 시장의 매력도(제품과 맞는 점) 평가 • 표적시장 선정
↓	
시장 포지셔닝 Positioning	• 각 표적 시장별 가능한 포지셔닝 개념 도출

1. 시장세분화

고객의 성별, 소득수준, 나이, 지역 등 특정 요소로 구분하여 시장을 세분화 한다.

변수	우리나라에서 적용되는 분류방법
1.인구 통계적 변수연령	취학 이전, 초등학생, 중학생, 고등학생, 20대,30대,40대,50대, 60세이상
성별	남, 녀
지역	특별시, 광역시,시,도 / 대도시, 중소도시, 농어촌
가족구성단위	독신, 핵가족, 대가족
가족 생활주기	미혼단계, 신혼부부, 젊은 부부, 중년부부, 노년부부, 사별 후 독신가
개인 또는 가족소득	월수 50만원 미만, 50-100만원, 100-200만원, 200-500만원, 500만원이상
직업	전문직 및 기술직, 경영자, 공무원, 자영업자, 사무직 및 판매 원직, 근로자, 농어민
학력	학생, 주부, 실업자, 초졸, 중졸,고졸,대졸 이상
종교	가톨릭, 개신교, 불교, 천도교, 무종교, 기타 종교
2.심리분석적 변수	
사회계층	농촌 하층, 도시 하층, 중하층, 중상층, 상층
라이프스타일	전통적 알뜰형, 합리적 생활 만족형, 진보적 유형추구형, 보수적 생활 무관심형
성격	간제적, 사교적, 권위위주, 야심적
3.구매행동변수	
사용기회	규칙적, 불규칙적
사용경험	비 사용자, 이전 사용자, 잠재적 사용자, 최초 사용자
사용량	소량 사용자, 보통 사용자, 다량 사용자
상표애호도	전무, 보통, 강함, 적대적
4.사용상황 변수	제품에 따라 다름
5.추구효익 변수	기능적인 효익, 심리적 효익

시장세분화를 하는 방법은 여러 가지가 있을 수 있으나 여기서는 인구 통계학적 분석, 심리 분석적 변수, 구매 행동변수, 사용상황 변수, 추구 효익 변수 등을 분석 하여 시장을 세분화하고 고객의 특성을 찾을 수 있다. 고객을 찾게 되면 우리 제품의 페르소나(Persona) 모델을 설정할 수 있다. 페르소나 모델은 가상의 고객으로 상징된 구체적인 우리 제품을 구매할 수 있는 구체적인 고객의 모습이다. 이를 통해 가상의 고객을 구체화하여 고객의 구매 행동을 알 수 있다.

2.목표시장 설정

제품의 이미지나 특징에 따라 적합한 표적 시장을 선정한다. 이는 제품이나 서비스 자원을 집중적으로 활용할 수 있는 전략이 장점이 된다.

3.포지셔닝

고객에게 타사와 다른 자사 제품의 차별성을 각인시켜 맵 상에 위치하여 상대적인 제품이나 서비스의 수준 정도를 알 수 있다.

미국 마케팅 컨설턴트 잭 트라우트(Jack Trout)와 앨 리스(Al Ries)는 포지셔닝이란 개념을 도입했다. 포지셔닝은 소비자의 마음 또는 인식에서 경쟁 브랜드에 비해 특정 브랜드가 차지하고 있는 위치를 강화하거나 변화시키는 전략이다. 성공적인 포지셔닝을 위한 조건은 경쟁 브랜드와 비교했을 때 우리 브랜드만의 독특한 포지셔닝을 위한 차별화, 그리고 그것을 지속적으로 유지하는 일관성(Consistency)이 필요하다. 아무리 잘된 메시지라도 지속적으로 소비자에 전달되지 않으면 소비자는 그 브랜드의 차별된 포지셔닝을 마음에 형성하지 않을 것이다.

포지셔닝 절차

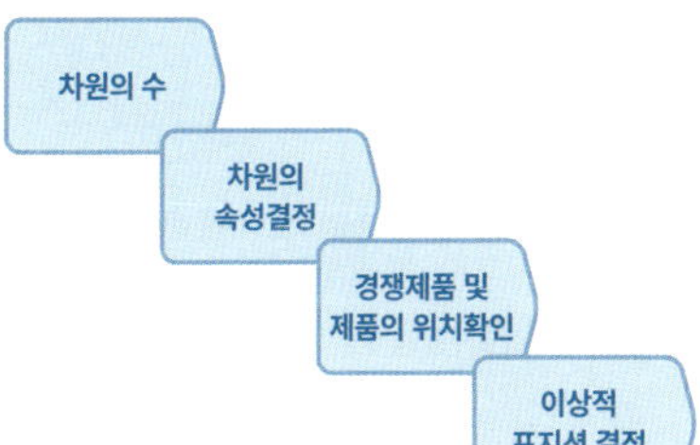

인지도 작성 절차

포지셔닝 Map의 예 (소비자의 속성 인지 정도)

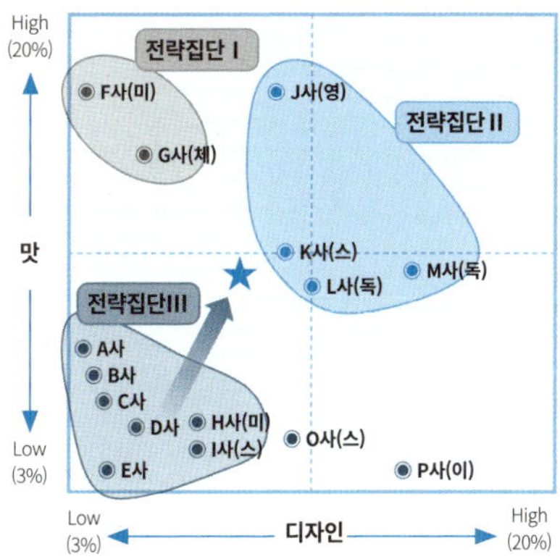

06. SWOT 분석 강점:Strength, 약점:Weakness, 기회:Opportunity, 위협:Threat

앞글자를 따서 SWOT 분석이라 하며 기업의 강점과 약점, 환경적 기회와 위기를 열거하여 효과적인 기업 경영전략을 수립하기 위한 분석이다. 즉 외부로부터 기회 상황 속에서 강점과 약점 부분을 분석하여 시사점을 도출시킨다. 아래는 아이스크림 사업에 대한 SWOT의 예이다.

CASE: 아이스크림 시장에 진입하는 신규 브랜드의 SWOT 분석

내부역량 전략방향 및 시사점 외부환경	강 점	약 점
	• 수년간 축적된 Retail사업 노하우 • 경쟁력있는 브랜드 및 상품력 보유 • 경영진의 전문성과 강력한 추진력 • 경쟁에서 이길 수 있다는 자신감 • 브랜드에서 오는 좋은 감정	• 전문인력 및 외식사업 경험 부족 • 신규사업을 통한 신시장 진출에 따른 안정적 경영 시스템 부재 • 상품을 직접 생산할 수 없고, 수입에 의존 • 브랜드의 인지도 없음
기회 • 해당시장(프리미엄 아이스크림)의 급성장 • 아이스크림 시장 수요 행태 변화 • 내츄럴 아이스크림의 세계적 추세에 편승	**O-S Strategy** • 기존의 소매유통/Franchise 노하우를 살려 적극적인 아이스크림 신규시장 진출 노력 절실 • 아이스크림 시장 진입을 위해 브랜드 강화 전략 추구	**O-W Strategy** • 브랜드 인지도 없지만 수요변화 대응적 측면의 내츄럴 제품 적극 활용한 시장 침투 전략 • 외식사업 전문성 강화 및 브랜드 강화를 위한 전문적 마케팅 능력 배양
위험 • 1개사 시장 독점체계 고도화 • 상품 다양화 및 신규수요 점유를 위한 경쟁 가세 • 시장의 브랜드 선호현상 뚜렷 • 4계절의 뚜렷한 계절성 • 프리미엄 아이스크림 시장의 확장	**T-S Strategy** • 수년간 축적된 Retail 사업 노하우로서 신규사업진출에 적극대처 가능한 비전/전략의 수립 절실 • 경쟁력있는 상품으로 기존의 독점체계의 아이스크림 시장을 타파	**T-W Strategy** • 무역/경제변화 및 계절성/유행성 등의 변수에 강하게 대응할 수 있는 내부기반 구조 강화 • 환율변동과 그에 의한 수입부분에서 일어날 수 있는 가능한 모든 일들을 통해 강해짐

SWOT 분석은 가장 일반적인 환경분석을 위한 접근 방법이다.

외부환경요인은 기업이 통제할 수 없는 요인으로 기회요인(O)과 위협요인(T)을 파악하고 기업의 외부적인 요인으로 자사의 강점(S)와 약점(W)를 분석하여 전략적 대안을 도출하는 분석 방법이다. SWOT 분석을 통하여 기업의 강점을 최대한 활용 하면서 새로운 사업기회를 포착하고 기업의 약점을 최소화하면서 위협요인에 대처하여 전략을 다각적으로 대처할 수 있다. 예를 들어 외부 환경의 변화는 위협이 될 수도 있고 이를 기회로 활용할 수도 있다. 따라서 SWOT분석은 외부환경에 대한 깊은 통찰력을 바탕으로 자신의 강점을 최대한 활용하면서 자신의 약점을 최소화 할 수 있는 전략적 사고의 중요성을 의미한다. 그러나 SWOT는 전체의 전략 내용을 모두 담을 수 없고 전략의 합이 완전하지는 않다. 따라서 우리의 문제점과 기회들을 살펴보고 전략 대안을 찾고, 방향을 설정할 수 있는 도표이다. SWOT와 전문가 의견을 살펴보는 델파이 기법이 병행해서 쓰이기도 한다.

07. 신제품 성장전략 대안

■■ 사업 성장전략 제품/시장 모델의 예

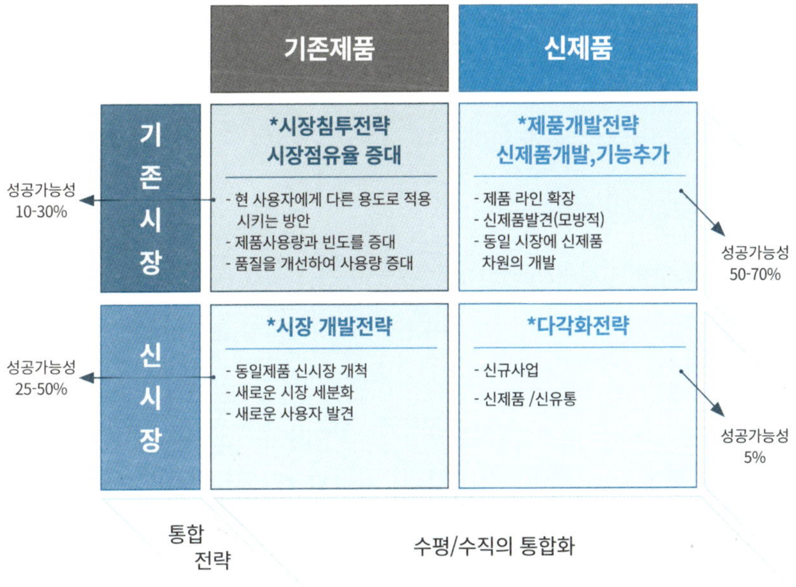

1. 시장 침투전략

기존시장에서 기존 제품을 활용하는 방안으로 시장점유율을 증대시키는 전략이다. 이를 위해서는 시장점유율을 늘리는 방안, 제품 사용량과 사용 빈도를 증가 시키는 방안, 품질을 개선하여 사용률을 증가시키는 방안, 현 사용자가 다른 용도로 적용시키는 방안들이 있다.

2. 신제품 개발전략

기존시장에서 새로운 제품으로 접근하는 것으로 제품개선, 제품라인 확장, 신제품 적용, 동일한 시장에 신제품 차원의 개발 등이 있다.

3. 신시장개발전략

동일한 제품을 가지고 지리적으로 신시장을 개척하고, 새로운 시장 세분화를 발견하는 것이다.

4. 다각화 전략

신시장에 신제품을 활용하는 전략으로 기존 산업과 관련된 관련 다각화와 그렇지 않은 비관련 다각화가 있다.

Ansoff. H.T 가 개발한 성장전략 대안으로 현재도 많은 전략적 상황에서 쓰이고 있으며 아이디어로 만들어진 제품이 기존 제품 혹은 신제품 그리고 기존시장, 신시장에 따라서 어떻게 전략을 취할 것인가를 분석하는 방법이다.

08. 가격 Price 결정 방법과 특성 비교

가격의 결정은 경영자들이 가장 고민하는 부분이다. 소비자들이 생각할 때 가격이 높으면 제품을 사지 않을 것이고 너무 낮으면 수익을 통한 경영 운영에 압박이 가해질 수 있다. 그것은 구매자들의 '가치(Value)의 크기'에 따라서 결정되는데 가격을 결정할 때 가장 많이 쓰이는 방법에 대해서 알아보자.

가격결정방법	고려할 요소와 계산방법	장점과 단점
원가계산법 cost-plus	평균원가에 일정액의 기대이윤(margin, markup)을 더함. 원가가 2만원일 때 판매가격을 3만원 정하는 경우 이윤은 1만원이 되며 원가에 대한 markup는 50%이며 판매가에 대한 markup은 33.3%가 된다.	계산이 쉽고 타당성이 있는 가격으로 인식되지만 경쟁과 수요 측면을 고려하지 못함.
목표이익법 손익분기분석법	손익분기 분석을 통하여 기대하는 목표이익을 달성할 수 있도록 가격을 결정함. 수익과 비용이 같아지는 생산, 판매량을 손익분기점이라 하며 이 보다 많이 판매되는 목표이익이 발생될 수 있도록 가격을 결정함.	정해진 가격에서 목표이익이 달성할 수 있는 예상판매량이 실제적으로 달성되지 않을 수 있음. 가격수준에 따른 판매량을 정확하게 예측하기 어려움.
시장가격 going-price	경쟁사 제품들의 평균가격에 준하여 결정	경쟁사간에 소모성 가격경쟁이 벌어지지 않음.
심리가격 psychological Pricing	관습적으로 껌은 300원이라고 생각하는 경우 이를 따르는 관습가격. 999원 처럼 끝자리를 채우지 않음으로 싸다는 느낌을 주는 끝자리 가격(홀수가격), 가격수준이 제품의 권위와 연결되는 경우 높은 가격을 매기는 권위가격(프레미엄가격)등이 있음.	경제적 가치보다는 소비자의 가격에 대한 심리적 반응을 기준으로 가격을 결정함.
지각된 가치가격 perceived value Pricing	소비자가 지각하고 있는 제품의 효용 가치를 고려하여 그 수준에 맞게 가격을 결정함.	최종 구매의 판단 기준이 소매자가 하는 것으로 그 어떤 기준보다 현실적인 가격임. 그러나 소비자 개인별로 효용가치에 대한 지각상태에 차이가 있음.

1. 시장 침투 가격과 시장 흡수 가격의 전략

가격정책	특징	사용조건
시장침투가격 Penetration price	- 신제품 도입초기에 저가격으로 신속하게 시장확대와 점유율 확보를 한 뒤에 점차 고가격으로 전환, 청바지의 경우 처음에는 경제적인 가격의 옷으로 시작하여 점차 고가화 되어감. - 선저후고(초기저가 후기고가).	- 대량생산 유통에 따른 규모경제 - 효과로 원가절감 효과가 큰 경우, - 시장 잠재력이 큰 생필품 경우, - 수요의 가격탄력성이 큰 경우, - 소비자 취향이 동질적인 경우.
시장흡수가격 skimming price	- 신제품 도입초기에 고가격으로 고소득층 시장부터 시작하여 점차 가격을 인하 하면서 저소득 시장을 차례차례 흡수 하면서 내려감. - 핸드폰의 경우 초기에 매우 높은 가격으로 고소득층에 먼저 판매한 후에 신제품 출시때 기존 제품 가격을 점차 내려서 중, 저소득 층을 흡수해 나감. - 선고후저(초기고가 후기저가).	- 제품의 질과 이미지가 높은 가격에 부합되는 제품. - 소량 생산 되는 제품은 비용상승으로 고가격으로 인한 이익을 크게 잠식하지 않는 경우. - 경쟁사가 시장에 진입하기 어려운 경우. - 수요의 가격 탄력성과 규모 경제효과가 작은 경우.

09. 브랜드명 선정기준

기준	선정 기준으로 언급된 빈도의 비율(%)
제품의 효익 묘사(설명)여부	58.5%
기억의 용이도	46.3%
기업 이미지 및 다른 제품들의 이미지와의 부합여부	34.1%
광고 및 촉진이 가능한지 여부	22.0%
경쟁제품과 비교한 독특성 여부	22.0%
단어의 길이	15.9%
발음의 용이성	14.6%
잠재소비자로부터의 긍정적 연상	13.4%
패키지와 부합 정도	6.1%
현대적 인상 제공여부	3.7%
이해의 용이성	2.4%
설득력	2.4%

출처: J.McNeal and L,Zeren 'Brand Name Selection for Consumer Products'

좋은 브랜드명이 되기 위해서는 다음과 같은 조건들이 충족되는 것이 바람직하다.

1. 제품 내용과 조화가 이루어져야 하며 경쟁사 제품과 차별화될 수 있어야 한다.
2. 제품의 기능이나 편익을 잘 전달할 수 있어야 한다. 시각적 및 언어적으로 제품과 잘 어울리고 매력적이어야 한다.
3. 기억하기 쉽고 발음하기 편해야 한다. 관심을 끌만 한 특이한 이름, 시각적 이미지를 연상시키는 단어, 감정을 유발 하는 단어, 짧고 단순한 단어일수록 기억하기 쉽다.
4. 부정적인 연상을 하지 않도록 해야 한다.
5. 외국어 표기 시 금기된 사항이나 부적절한 표현, 부적절한 색깔은 난감한 사항이 되므로 조사하여 이런 사항이 없도록 미리 준비 한다.

10. 판매촉진 Sales Promotion

판매촉진 유형은 대고객 판촉(Pull)과 중간상 판촉(Push)로 분류된다. 고객 판촉 유형은 샘플링, 가격할인, 프리미엄, 제도형 판촉 등이 있고 중간상 판촉 유형은 공제형, 할인형 등이 있다.

우리 제품을 홍보할 때 어떤 전략적 홍보가 가능한지 전략수립이 필요하다.

■ 세일즈 프로모션의 유형

자료출처: 마케팅 마인드.툴.스킬, 2004

11. 신제품이 실패 한 이유

신제품이 실패하는 이유는 너무나도 많다.

아이디어 상품이 우리가 준비하는 과정에서 기회를 놓쳤다든지, 시장이 너무 작다든지, 아이디어를 상품화하는데 우리 기업과 맞지 않는 점이 너무 많다든지, 너무 새로워서 고객들이 인식이 잘 안되는 고객 제품 적응에 실패하고 홍보가 실패했다든지, 기존 제품보다 차별화가 안 되었고 가격이 고객 인식된 가치 기준을 뛰어 넘었다든지, 상품의 실제적인 편익이 없다든지, 경쟁사 대비 포지셔닝이 미약, 유통업자와의 지원이 부족, 잘못된 매수량 예측으로 재고량이 늘어났다든지, 부적절한 시기에 제품을 출시 했다든지, 경쟁사가 가격 인하 등 적극적인 대응을 한다든지, 기술의 변화가 이루어졌다든지, 고객의 기호가 변했다든지, 환경여건이 변했다든지, 낮은 재구매와 판매가 저조한 상황, 사후 서비스의 불만족이 높다든지, 불충분한 투자수익률이라든지, 내부 조직의 갈등 등 실패 이유는 수없이 많다.

실패 원인의 재검토로는 환경분석을 통한 기회의 파악, 제품설계 과정의 재검토, 테스트 과정, 제품 도입과정, 시장조사를 통한 고객조사분석 등이 필요하다.

신제품 실패의 원인으로는 가장 먼저 실패를 인정하고 잘못된 부분을 자아 성찰하는것이다. 경제의 원칙이 있는 자원을 최소화 하는데 있다면 경영의 원칙은 있는 자원의 최대 활용에 있다.

신제품 실패 사례를 살펴보면 자국에서는 인기가 많은 반면 해외에서는 실패하는 사례가 있다. 일본서 14개 점포를 운영 중인 '유메유메도리'는 일본의 대표적인 치킨 전문브랜드이며 특이한 제품 판매로 유명하다. 이 회사는 '히야시 치킨'이라는 차가운 치킨을 개발하여 백화점까지 진출하였다, 국내도 BBQ를 통해 한국시장에 소개 되었으나 '식은 간장 치킨 맛'이라는 평가로 시장 진출에 실패하였다. 철저한 시장조사가 중요한 이유이다. 삼성의 노트 7은 2016

아이디어 환상	"아이디어 하나 떠올랐는데…. 야! 이건 뭔가 될 것 같아
서서히 실망	"가만 보니까 별로 경쟁자랑 차별화 될 것 같지도 않고…….
자기방어	"시장에서 성공 할 수 있을까? 실패할 가능성도 큰 거 같은데…..
자기변명	"거봐, 내가 뭐랬어. 실패한다고 했지. 누구 잘못이지?
서로의 비판	"그때 잘 했어야지? 자료가 틀리잖아? 리더에 대한 불만.
시장을 무시한 개발	"어 시장에서 사질 않네? 마케팅을 반영된 제품을 만들걸.

년 출시 되었다. 삼성전자는 애플의 치열한 시장 다툼으로 아이폰 7보다 앞서서 시장에 출시하려 했다. 삼성전자는 배터리 공급업체를 잘못 선택해서 참사를 맞게 되었다. 부품 하나에도 신제품 개발 시 전체에 영향을 미치기 때문에 선택에 신중하여야 하며 부품 가격과 품질을 고민한다면 품질을 선택해야 한다. 윈도우 8은 운영체제의 핵심 UI였던 시작 메뉴를 없앴다. 대부분 터치와 제스처에 익숙한 윈도우 8은 잘못된 디자인의 결정으로 소비자에게 외면을 받았고 혼란만 가중 시켰다. 고객이 모두 혁신제품에 좋아할 거란 착각은 위험하다.

TV 리모컨의 기능 버튼을 너무 많이 해서 소비자들은 사용에 어려움이 있어 송수신기 커버가 나오게 되었다. 소비자가 편리하게 사용될 수 있도록 사용자 배려를 해야 한다.

XIII. 사업계획서 작성

01. 사업계획서

일반적으로 사업계획서(Business Plan)란 새로운 프로젝트나 사업과 관련해서 개발, 생산, 판매, 자금, 투자유치 등 명확하게 초점을 맞추어서 추진 계획을 요약, 정리한 보고서이다. 사업의 계획을 방향을 설정하고 어떻게 사업 목표에 도달하는지 설득력 있고 일관성을 가지고 설명하는 문서작업이다. 그러나 학교에서도 사업계획서 작성방법을 가르치지 않고 기업에서도 작성법을 기획실이나 홍보 IR 부서에서 다루는 것으로 알고 있다. 사업계획서를 보면 회사의 성과와 미래 방향을 볼 수 있는 대단히 중요한 문서이다. 캡스톤디자인에서 아이디어로 아이템을 만들고 사업화를 위해서는 반드시 사업계획서의 작성이 필요하다.

1. 사업계획서의 목적

❶ 체계적인 사업추진을 위한 설계

기업은 인사, 구매, 생산, 마케팅, 재무 등 기업경영 전반적인 내용을 사전에 검토할 수 있다.

❷ 계획 사업을 위한 시뮬레이션 과정

사업수행 계획을 통해 시행착오를 방지하고 사업 기간, 비용을 절약하고 사전실수 점검을 통해 실패확률을 줄일 수 있다.

❸ 이해관계자가 있는 제 3자에 대한 설득자료

이해관계자(금융권, 정부 및 지자체 등) 관심유도와 설득자료, 사업자의 신뢰도 증진으로 자금조달이나 각종 정책 지원을 받는데 활용 가능하다.

❹ 영업, 입찰, 인허가, 모집 등을 위한 소개 자료

사업제휴관리, 납품, 또는 입점 계약, 대리점 또는 가맹점 모집, 공공기관 입찰서류 제출 시 필요, 인허가 신청, 기술 및 품질 인증 시 회사소개 필요에 활용

일반적인 사업계획서 내용의 예

구성항목	주요내용
1.회사개요	회사소개, 주요제품과 서비스, 대표자 및 경영진,핵심역량,
2.사업개요	창업아이템소개, 창업배경 및 동기, 창업목표, 창업아이템의 가치, 비즈니스모델
3.제품과 서비스	제품 및 서비스 개요, 구성, 용도 및 특성, 장,단점, 서비스 플랫폼개발
4.시장분석	환경분석, 시장특성, 동향, 규모, 고객특성, 경쟁사 및 경쟁제품
5.개발계획	고객니즈, 개발목표, 보유기술 및 지적재산권, 관련산업의 기술동향, 리스크관리방안
6.협력사제휴 및 운영계획	협력제휴사, 방법, 조사, 협력범위, 운영전략
7.마케팅계획	시장세분화, 목표시장, 포지셔닝, 제품,가격, 채널, 판매촉진
8.재무계획	소요자금, 조달계획, 상황계획, 예상손익
9.인적자원계획	창업팀소개, 소요인력추정, 추가채용계획, 급여 및 보상정책
10.추진계획	최종목표, 일정계획, 추진체계

2. 사업계획서 용도

사업계획서의 용도는 내부운영용, 자금조달용, 인·허가용, 기술평가용, 대외업무용, 기타용도 등이 있다. 사업계획서의 용도에 따라서 강조하는 점도 다르다. 금융계의 대출 목표라면 재무 추정치와 변제가능성 및 담보물 등이 중요하다. 일반 투자유치자와 투자유인이 목적이라면 자본공모에 관한 관계법을 잘 살펴보고 전문가의 도움을 받을 필요가 있다. 개인 투자가라면 수익성, 투자규모의 사용처, 경영자의 능력 등을 강조하도록 한다.

3. 사업계획서의 주요 관점

❶ 고객들 입장에서의 시장 관련 내용이 중요하다. 고객들이 왜 이 제품이나 서비스를 선호해야 하는지, 시제품을 통한 시장조사 내용이나 실험실 결과 등을 근거로 제시할 수 있는 자료가 좋다.

❷ 투자자들에게 실질적인 이익이 날 수 있는지의 근거와 투자 시 언제 자금을 회수할 수 있는지 자료를 가지고 설득할 수 있어야 한다.

❸ 가능한 추정 손익을 보여 주어 이해관계자에게 회사의 미래와 비전을 제시할 수 있어야 한다.

❹ 사업계획서내의 자료와 숫자는 일관성이 있어야 하며 특히 매출액을 높게 계획을 했을 경우 계획한 근거 자료를 제시하여야 한다. 경쟁력의 경우 경쟁이 없다고 말하는 경우가 있는데 경쟁은 없는 것보다 있는 것이 더 좋다. 그 이유는 경쟁이 심화 될수록 시장이 커질 수 있다.

❺ 사업계획서의 작성은 객관성(Objectivity)을 위한 Data를 근거로 작성하고 명확성(Clarity)으로 사업계획서의 핵심을 명확히 제시하여야 한다. 사업계획서의 내용이 단순(Simplicity), 간결하게 표현하고 일반 사람들도 이해할 수 있도록 기술들을 풀어서 설명 한다. 일관성(Consistency)으로 내용의 통일성, 일관성을 유지해야 한다. 사업계획서는 독창적으로 기존 사업이나 경쟁 업체와 구별되는 특징을 잘 부각해서 작성을 한다.

02. 신제품 Plan 작성 - 개발 계획서

1. 신제품 개발 절차

❶ 아이디어 개발 (아이디어 창출 및 선별)

❷ 제품 컨셉의 개발 및 테스트

❸ 사업성 분석과 제품개발

❹ 시험 마케팅(표준시험, 통제시험, 모의시험) 등

❺ 도입(출시계획 수립, 출시과정 추적)

2. 신제품 개발전략

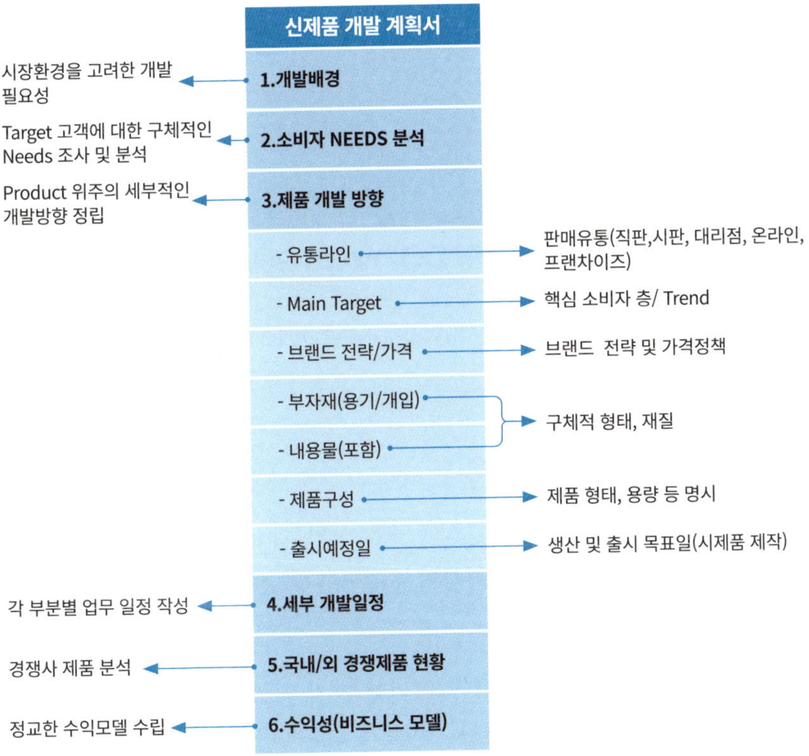

❶ 선제전략(Proactive Strategy)

선제전략은 고객 니즈를 토대로 하는 전략과 R&D에 기초하는 전략이다.

- 고객니즈를 토대로 하는 전략은 고객의 현시적 니즈(Current needs)를 파악해서 충족하는 제품을 개발하는 전략
- R&D전략은 고객의 현시적 니즈 대신 잠재적 니즈, 즉 표현되지 않은 니즈, 미래의 니즈를 예측하는 통찰력으로 신제품을 개발하여 잠재고객들에게 그에 대한 니즈를 불러 일으키는 것이다.

❷ 대응전략(Reactive Strategy)

- 모방전략(Imitative strategy) : 성공 예상되면 기존 유사제품 출시전략
- 보다 나은 두 번째 전략(Second but better strategy) : 우수한 신제품 출시
- 방어 전략(Defensive strategy) : 자사의 기존 제품 보호를 위한 신제품 출시 및 특허 출원

03. Business model canvas (9Blocks) 구성

기업이 가치를 창조하고 집중해서 수익을 낼 수 있도록 체계적으로 계획을 세우는 것으로 미국의 실리콘밸리에서 시작된 1페이지 사업계획서 작성법이다.

❶ **고객:** 고객 세분화로 사업 아이템을 구매 가능한 고객이 누구인지를 분석하여 설정하는 과정으로 예를 들어 화장품 고객층이 여자라고 보기보다 20대-30대의 직장여성 같은 더욱 세분화를 하는 것이 목표 고객으로 잡는 것이 좋다.

❷ **가치제안:** 설정된 고객에게 어떠한 가치(새로움, 성능, 맞춤화, 디자인, 사회적 가치)를 제공할 것인지를 기술한다. 가치는 구매자마다 다

Business model canvas 양식

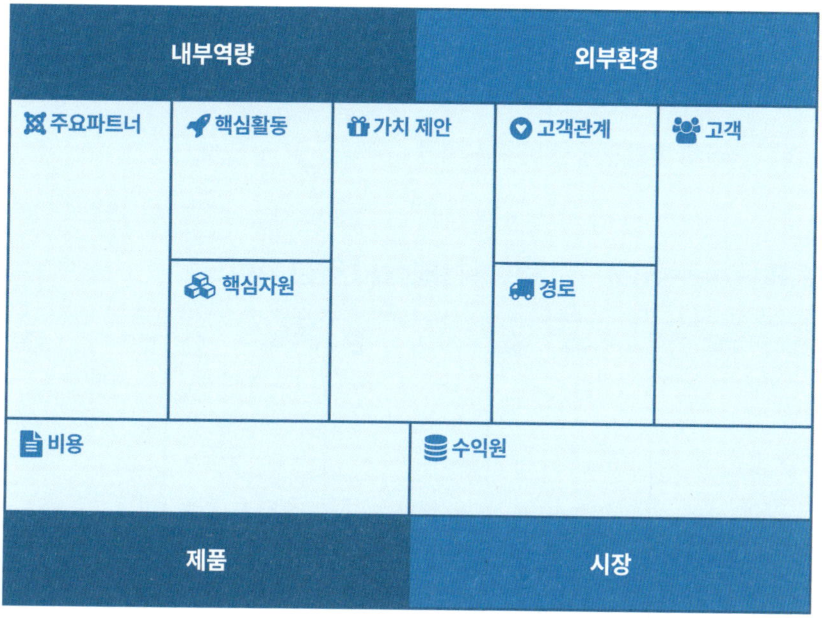

를 수 있으나 공급처에서 원하는 가치를 잘 구성해 놓아야 고객들에 대한 마케팅 계획들이 설정될 수 있다.

❸ **유통채널(경로)**: 해당 제품을 어떤 경로(직영매장, 간접유통경로, 온라인) 등을 통해 알리고, 어디서 판매할지를 기술한다.

❹ **고객관계**: 고객과의 관계를 어떻게 지속적으로 유지할 것인가를 기술한다.

❺ **수익원**: 어떤 부분에서 수익이 창출하는지를 파악하여 기술한다.

❻ **핵심자원**: 해당 사업을 진행할 때 필요한 핵심자원중 현재 가지고 있는 인적, 물적, 지적, 재무 자원 등을 파악하여 기술한다.

❼ **핵심활동**: 사업 수행과 관련된 활동 즉, 생산,판매,지원 활동 등을 기술한다.

❽ **핵심 파트너:** 기업이 가지고 있는 자원중 부족하거나 보완할 수 있는 외부 파트너들과의 협력 사항을 기술한다.

❾ **비용:** 소요되는 고정비와 변동비를 반영한 전체 비용 등을 산정한다.

*전체 수익원에서 비용을 빼면 순수익을 알 수 있다.

1.Business model canvas(9Block) 작성 가이드

주요파트너 ❽

- 누가 핵심 파트너인가?
- 우리의 핵심 공급자는 누구인가?
- 파트너로부터 어떤 핵심자원을 획득할 수 있는가?
- 파트너가 어떤 핵심활동을 수행하는가?

핵심활동 ❼

- 우리의 밸류 프로포지션은 어떤 핵심활동을 필요로 하는가?
- 공급 채널을 위해선 어떤 활동이 필요한가?
- 고객관계를 위해선, 수익원을 위해선, 어떤 활동이 필요한가?
- Categories, 생산 문제 해결, 플랫폼/네트워크

핵심자원 ❻

- 우리의 밸류 프로포지션은 어떤 핵심자원을 필요로 하는가?
- 공급 채널을 위해선 어떤 자원이 필요한가?
- 고객관계를 위해선, 수익원을 위해선, 어떤 자원이 필요한가?
- 물적 자원
- 지적 자산
- 인적 자원
- 재무 자원

가치 제안 ❷

- 고객에게 어떤 가치를 전달할 것인가?
- 우리가 제공하는 가치가 고객이 처한 문제점을 해결해주는가?
- 제각기 다른 고객 세그먼트에게 어떤 상품이나 서비스를 제공하고 있는가? 그 실체가 무엇인가?
- 고객의 니즈를 충족시켜주는가?
- 특징
- 새로움
- 퍼포먼스
- 커스터마이징
- 무언가를 '되게' 만드는 것
- 디자인
- 브랜드
- 가격
- 비용 절감
- 리스크 절감
- 접근성
- 편리성/유용성

고객관계 ❹

- 각각의 고객 세그먼트들은 어떤 방식의 고객관계가 만들어지고 유지되기를 원하는가?
- 우리는 어떤 고객관계를 확립했는가?
- 다른 비즈니스 모델 상의 요소들과는 어떻게 통합되는가?
- 셀프서비스
- 자동화 서비스
- 커뮤니티
- 코-크리에이션

경로 ❸

- 각각의 고객 세그먼트들은 어떤 채널을 통해서 자신에게 가치가 전달되길 원하는가?
- 그들에게 어떻게 다가가는가?
- 채널은 어떤 기준으로 통합돼 있는가?
- 어느 채널이 가장 효과적인가?
- 어느 채널이 가장 비용 효율적인가?
- 채널과 고객을 위한 업무는 제대로 통합되어 있는가?

고객 ❶

- 누구를 위해 가치를 창조해야 하는가?
- 누가 우리의 가장 중요한 고객인가?
- 매스 마켓
- 틈새 시장
- 세그먼트가 명확히 이루어진 시장
- 복합적인 세그먼트가 혼재돼 있는 시장
- 멀티 사이드 시장

비용 ❾

- 우리의 비즈니스 모델이 안고 가야 하는 가장 중요한 비용은 무엇인가?
- 어떤 핵심자원을 확보하는 데 가장 많은 비용이 드는가?
- 어떤 핵심활동을 수행하는 데 가장 많은 비용이 드는가?
- 비즈니스 모델의 여러 요소를 수행하자면 비용이 든다.

수익원 ❺

- 어디에서 수익이 나는가?

2 Business model canvas(9Block) 작성의 예

네스프레소

주요파트너 ❽

- 직접기계를 재조하지 않고 터믹스, 크럽스, 드롱기, 마쯔시타와 같은 제조업제를 통한 위탁제조
- 커피 생산자들(질좋은커피 확보를 위함)

핵심활동 ❼

- 마케팅(백화점과 전용부티끄 매장에서 고급이미지 구축, 매장에서 시음서비스
  - 타킷고객이 자주 방문하는 레스토랑, 항공사 비즈니스클레스에 네소프레소시스템 제공)
- 신규커피개발

핵심자원 ❻

- 커피캡슐제조기술
  - 특허를 통한 경쟁업체 모방방지
- 주문측시 배송가능한 배송시스템 구축

가치 제안 ❷

- 고품질의 다양한 에스프레소 커피를 캡슐형태로 저가로 즐걸수 있게 제공
  - 카페방문필요 x
  - 다양한 커피 0
  - 고도숙련기술 x 간단조작만으로 0

고객관계 ❹

- 에스프레소기계의 유지보수 서비스
- 신규캡슐커피 출시시 서비스 발송
- 장기간 신규캡슐 구매 없을 시 기계이상여부에 대한 전화 확인 콜 서비스

경로 ❸

기계
- 백화점
- 가전제품 전문점
- 주방기기전문점

캡슐
- 네스프레소 클럽을 만들어 기계구매자들 자동가입을 통한 전화&인터넷 판매

고객 ❶

- 소득수준이 높은 35~45세 사이 연령층
  - 고품질의 에스프레소 기계와 캡슐커피가 아무리 저렴해도 일반대중이 구매의 어려움

비용 ❾

- 커피머신 외주생산비용
- 커피캡슐생산비용
- 배송 및 마케팅 비용, 인건비

수익원 ❺

- 커피머신 판매수익
- 최소마진정책, 많은 사용자가 기계보유를 목적
- 커피캡슐 판매수익

야놀자

주요파트너 ❽

- 결제서비스제공업체
- 카카오 (카카오 맵 & T)
- DB 구축회사

핵심활동 ❼

- 결제 서비스
- 검색 및 예약
- 품질 관리(비품, 위생 등)
- 숙박 서비스

핵심자원 ❻

- 숙박업소 네트워크
- 관리 인력 (몰카, 위생)
- 앱 개발 역량
- 마케밍 역량

가치 제안 ❷

- 믿을 수 있는 양질의 숙박업소 다량 제공
- 이용자와 업주간의 수월한 연결 촉진

고객관계 ❹

- 신뢰기반 관계

경로 ❸

- 야놀자 앱 플랫폼
- 야놀자 스마트 프런트 (숙박운영통합솔루션)

고객 ❶

- 숙박업소 이용객
- 숙박업소 업주

비용 ❾

- 마케팅 비용
- App서버 운영 및 개발비용
- 품질 관리 비용 (제휴 숙박업소 품질 관리)
- *숙박 관리비 (직영점 및 가맹점에 대한)

수익원 ❺

- 입접 수수료 (숙박업소)
- 광고 수익 (숙박업소)
- 숙박 수수료 (숙박업소)
- 숙박비 수익 (직영점)
- 가맹점 가입비 및 로열티 (매출 비례)

카카오(다음과 합병전)

주요파트너
- 위메이드(게임)
- 통신사
- 포도트리 (카카오페이지)
- 투자자
- 컨텐츠개발자

핵심활동
- 모바일 메시징 서비스
- 모바일 응용 프로그램 서비스

핵심자원
- 카카오 플랫폼
- 플랫폼을 통한 사용자 그룹 (거대회원수)
- 브랜드네임/캐릭터

가치 제안
- 무료 메신저 서비스
- 사진공유서비스(카카오스토리)
- 모바일 플랫폼(스토리, 게임, 디지털 컨텐츠)

고객관계
- User-커뮤니티
- 기업/개발자-플랫폼 제공, 마케팅 관리

경로
- 모바일 앱(마켓)
- 웹(PC)

고객
- 스마트폰 사용자
- 플러스 친구 제휴업체
- 스마트폰 게임 개발자 (업체)
- 광고주

비용
- 데이터 센터 유지관리(하루메시지 건수 26억건)
- 광고비
- 인건비

가치창출
- 모바일 서비스 플랫폼 제공-서드파티 개발환경 제공,

  파트너 업체들과 공유수익모델
- 컨텐츠 통합을 통한 컨텐츠 보급과 확산

수익원
- 기본 사용자 무료
- 판매 수수료
- (기프트콘, 플러스 친구, 유료 이모티콘, 카카오게임, 카카오 페이지)
- 광고

아프리카 tv

주요파트너
- 아프리카 TV
- 광고주
- 팀 플레이어
- 유튜브

핵심활동
- 맛깔나는 게임방송 진행
- 새로운 컨텐츠 개발

핵심자원

가치 제안
- 가식없는 재밌고 유쾌한 게임방송, 좋은 목소리
- 별풍선을 통한 아이템 수수료

  To 아프리카 TV
- 입소문 있는 컨텐츠 게임이지만 폭넓은 잠재소비자 To 광고주

고객관계
- 재미와 친근감
- 편안한 유쾌함
- 소소한 일탈과 재미

경로
- 웹/모바일 플랫폼/아프리카 TV/유튜브

고객
- 모바일/웹 접근성이 높은 젊은 층
- 타켓팅 광고 효과가 필요한 광고주

비용
- 시간, 기회비용

수익원
- 유료 아이템 수익료 배분(별풍선)
- 광고 수익료

04. 지식재산권

1. 지식재산권의 중요성

지식재산이 산업의 주류를 이루고 있고 앞으로의 국가경쟁력은 지식재산이 되고 있다. 지식 중심의 세계 주도권은 지식 사회를 준비하는 국가가 될 것이기 때문이다. 우리나라는 IT중심의 산업기반을 가지고 있고 특허청과 지식재산연구원 특허 정보진흥센터에 따르면 2023년 상반기 기준 국내 지식재산권 출원량은 총 26만여건으로 나타나고 있다. 특히 특허와 상표권은 지식재산권의 중요한 부분으로, 기술 혁신과 상품 구별에 관련이 있다. 특허는 새로운 발명을 보호 하며, 특정한 기술이나 제품을 다른 사람들로부터 보호하고 상표는 상품이나 서비스의 상표적 식별을 보호하여 그 제품을 인식하고 선택할 수 있도록 도와준다.

2. 지식재산권의 분류

지적재산권(Intellectual property right, IPR)은 지식재산권과 혼용되어 사용되고 있다. 지적 재산권 대신 지식재산권이란 용어를 사용하는 이유는 지적 재산권은 원래 일본에서 사용하던 용어로 이를 한국말로 바꿔 표기하기 위한 것이다. 지적재산 대신 지식재산 용어는 특허청에서 새로 표기하였다. 지식재산권은 인간의 지적 창작 활동결과물에 대한 권리를 말한다. 지식 재산권은 창조적 사고 또는 발상에 소요되는 창작자 노력의 결과물로서 일반에 공개되는 무체재산권이다. 이는 법정 요건 심사에 따른 특허청의 등록에 의해 창의자의 권리가 발생하는 산업재산권(특허권, 실용신안권, 의장권, 상표권 등)과 등록 여부와 관계없이 창작에 발생되는 저작권으로 분류된다. 지능형 반도체, 자율자동차, 인공지능, 가상증가현실, 블록체인, 빅데이터, 스마트시티, 신재생에너지 등은 신지식 재산권으로 분류된다. 지식재산권은 사람의 사상, 감정, 재능, 지식을 법률에 의해 재산화한 것을 의미한다. 컴퓨터 프로그램, 데이터베이스는 저작권물로 분류되는데 미술 저작물, 건축 저작물로서 문화산업, 콘텐츠 산업 등의 산업화에 따라 산업 재산권적 성격을 가지고 있다. 지식재산권은 무형의 권리로서 존재하기 때문에 모방 또는 도용이 용이하고 권리가 침해되었을 때 즉각적인 구제가 쉽지 않다.

❶ **특허권**: 특허권은 발명을 보호, 장려하고 그 이용을 도모함으로써 기술발전을 촉진하여 산업발전에 이바지함을 목적으로 한다.

❷ **저작권법**: 저작권법은 저작자의 권리, 이에 인접하는 권리를 보호하고 저작물의 공정한 이용함을 도모함으로써 산업발전에 이바지함을 목적으로 한다.

❸ **실용신안권**: 고안된 자연법칙을 이용한 기술적 사상의 창작이다. 실용신안권은 특허청장에게 실용신안 등록을 출원하고 설정 등록에 의하여 발생한다. 실용신안은 그 대상이 물품의 형상, 구조, 조합이지만 디자인은 물품의 형상, 모양, 색채 또는 그 결합이 보호 대상이다. 실용신안은 기술효과를 발생의 전제로 하지만 디자인은 물품의 외관에 나타나는 미관만을 대상으로 한다. 따라서 실용신안은 기술적인 고안이고 디자인은 심미적인 고안이며 대부분 동일 물품에 대하여 중복 보호나 상호 출원 변경도 가능하고 동시 출원도 많다.

❹ **상표권**: 상품을 생산, 가공, 증명, 판매하는 것을 업으로 영위하는 자가 자기 업무에 관련된 상품을 타인의 상품과 식별되도록 하기 위하여 사용되는 기호, 문자, 도형, 색채 또는 이들을 결합한 것이다. 상표의 기능은 타제품과의 식별기능, 품질보증기능, 광고선전기능, 재산적 기능이 있다.

❺ **영업비밀**: 알려져 있지 않고 독립적으로 경제적 가치를 지닌 것으로 상당한 노력에 의해서 비밀로 유지된 생산방법, 판매방법 기타 영업활동에 유용한 기술상 또는 경영상의 정보를 영업비밀이라고 한다.

영업비밀은 부정경쟁방지 및 영업비밀보호에 의해 법률로 보호를 받는다. 이는 산업재산권, 저작권 제도에 대한 보완적 성격이 있다.

■ 지식재산권 분류

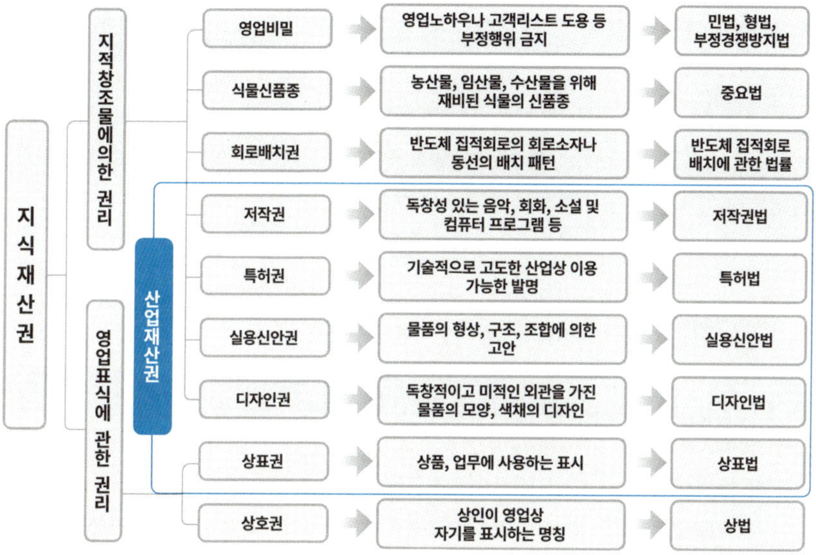

자료출처: 특허청 자료

3. 특허 조사 및 절차

특허분석은 기존 특허를 조사함으로서 특허가 가능한지를 조사하는 것으로 먼저 특허 체계를 세우고 특허검색을 통해서 특허 가능성을 보고 유효 데이터를 추출하고 주요 특허 및 핵심 특허를 선별하면 된다. 먼저 특허 체계는 업무 범위, 기술범위확정, 주요 경쟁자, 키워드 검색, IPC(International Patent Classification:국제특허분류로 특허 출원되는 기술을 분류하는 코드) 검색 등을 한다. 두 번째 유효데이터는 노이즈 제거 기준 확립, 중복제거, 기술전문가와 특허 전문가와 협업을 하고 세 번째 주요 특허 도출은 R&D 활용도 평가, 미래 유망성 평가, 와해성 기술 염두에 두고 도출을 한다. 마지막으로 핵심특허는 타 특허와의 장벽성 평가, 핵심 특허 선정기준 확립 필요, 미래 최강의 포트폴리오를 염두에 두고 진행한다.

특허 조사 절차 및 검색

특허조사 순서	내용
정보사이트 선택	국내,외 특허출원, 유료,무료 등의 기준에 따라 정보사이트 선택, 일반적으로 무료사이트인 특허 정보원 KIPRIS(www.kipris.or.kr)활용.
특허정보검색	기술용어, 출원인 명칭 등 간단한 단어, 구문 또는 인명으로 검색, 특허 관련 문헌번호를 이용한 검색도 가능함.
특허정보 해석	특허출원일, 등록일 등 시간적 기준, 출원인과 발명자정보, 기술의 청구범위 등 특허정보를 해석함
특허전략 수립	검색된 특허의 유무에 따라 기존특허의 회피방안을 수립하거나 신규 특허를 등록할 것인지 등의 전략을 수립함

특허조사	분석내용
특허정보검색사이트	www.kipris.or.kr
특허정보검색키워드	키워드로 검색, 키워드 검사 내 재검색
특허검색결과	특허항목 확인, 초록을 통해 발명의 개요를 파악, 유사특허내용파악
특허전략	권리보호를 위한 청구범위 설정 및 특허출원계획 수립

자료출처: 특허청 자료

캡스톤디자인 리더십 과정

6 PART

XIV. 캡스톤디자인 리더십 교육과정

XIV. 캡스톤디자인 리더십 교육과정

대학에서 캡스톤디자인 과정을 시작할 때 팀장들을 위한 리더십 교육을 실시한다.

그 이유는 캡스톤디자인은 팀을 중심으로 기업에서 팀제운영과 같이 학교 내에서 현장과 동일한 과정을 겪기 위해 팀장으로서 갖추어야 할 내용을 중심으로 교육을 실시하는 것이다. 이를 통해 아이디어 창출과 팀원들의 스케줄 관리, 사업비 사용, 외주관리, 팀원들의 갈등관리 등 팀 운영관리에 필요한 내용을 배우는 것이다.

캡스톤디자인의 리더(Leader)란 2명 이상이 모인 단체에서 목표달성, 성공으로 방향을 이끌어 가는 중심적인 위치에 있는 사람을 리더라고 한다.

리더가 속해있는 집단과 외부와의 조정 역할도 하고 기능적 요인을 잘 수행하도록 지원하는 역할도 하는 사람이다.

서양의 격언 중에 '한 마리의 사자가 지휘하는 일백 마리의 양 떼는 한 마리의 양이 지휘하는 일백 마리의 사자 떼를 이긴다'는 말이 있다. 그만큼 리더가 중요하고 리더를 통한 조직의 성공이 필요하다는 말이다. 리더는 조직의 목표달성을 위해서 개인과 집단을 능동적으로 활동하게 하고, 자발적으로 구성원들이 행동하도록 동기 부여, 창의적인 활동이 되도록 이끈다. 또한 공동 과업의 성취과정에서 한 사람이 다른 사람들의 자발적 도움과 지원을 끌어내도록 사회적 영향력을 발휘하는 것이다.

대학에서의 캡스톤디자인은 외부의 기업에서 하듯이 똑같이 조직을 갖추고 진행하기 때문에 대학에서는 캡스톤 리더십 교육과정들을 수행하며 필요하다고 본다. 대학에서 교수자들이 직장 경험이 없을 수도 있고 교육현장 이외의 경험이 부족하여 캡스톤디자인 수업방법을 이해하는데 어려움이 있을 수도 있다. 그래서 캡스톤디자인 팀별 리더들을 별도로 팀을 잘 이끌 수 있도록 교육을 별도로 진행하고 있는 것이다. 리더가 되는 절차는 없다. 각계각층에서 위대한 리더 중 타고난 경우는 극히 드물다. 진정한 리더가 되려면 마주친 장애와 고통을 넘어서 리더의 면목을 갖추어 가야 한다. 리더가 되기 위해서는 먼저 팀의 구성요소들을 알아야 한다.

- **팀워 (Team work)** : 팀으로서 함께 일하는 사람들, 분위기를 표현
- **팀 플레이어(Team player)** : 결합된 그룹 안에서 동료들과 함께 일하고 목적을 달성해 가는 것
- **팀 빌딩 (Team Building)** : 조직의 효율을 높이고 구성원들 사이의 신뢰와 공동의 목적을 수립하고 발전시켜 가는 과정

팀은 함께 이루는 것이다. 혼자서 절대로 할 수 없는 일을 같이 목표를 위

해 목적을 이루는 것이다. 한 연구에 따르면 75% 이상의 학습자들이 혼자서 학습하는 것보다 단체로 학습하는 것을 선호하고 효과가 더 좋은 것으로 결과가 나와 있다.

일반적인 회사에서도 문제를 해결하기 위해 회의들을 한다. 서로의 의견과 아이디어들 그리고 진행되는 일정들을 체크하기 위한 것도 하나의 목적을 위해 같이 고민하는 것이다. 우리가 대학에서 캡스톤디자인은 기업과 똑같은 과정들을 설정하여 기업에서 근무하는 것처럼 진행되는 일종의 가상 조직이다. 팀장이 모든 것을 마지막으로 결정하고 팀원들에게 업무를 나누어 주고 문제점들을 해결해가며 주어진 예산 속에서 일정을 체크하여 목적지에 이르는 전 과정들을 통해 일을 해보고, 구성원들과 호흡을 맞추어 보고 하는 과정들이 대학에서의 전공이나 교양과목을 교수자들에게 의존하는 것과는 완전히 다르다. 스스로가 아이디어를 내고 만들어 보고 시장조사도 해보고 완성했을 때의 과정들을 훈련해 보는 직장 체험프로그램 이다. 여지껏 누구의 지시에 따라서 정답을 고르는 학습 방법이었다면, 혼자서 고민하고 구성원들과 생각을 공유하고 이런 학습 방법을 통해 사회 적응력도 키우고 자신의 자존감도 높이는 계기가 될 것이다. 캡스톤디자인 과정에서 얻게 되는 개인의 여러 긍정적인 요소를 살펴보면 다음과 같다.

01. 팀의 시작

1. 한 팀의 구성원들은 3-7명이 좋다.

한팀의 구성원은 3-7명의 홀수가 좋다. 그 이유는 다수의 의견을 물을 때 동수에서 홀수는 항상 결정이 나오기 때문이다. 먼저 팀원들이 서로 어색한 분위기를 완화하기 위해서 서로 각자 2분간 자기소개를 하는 것이 좋다. 이름,

학과, 학년, 취미, 성격, 장점, 단점, 캡스톤디자인 프로젝트에 대한 포부 등을 자연스런 분위기 속에서 팀장이 각자의 소개를 유도하도록 한다.

2. 팀장 선출

팀이 구성되면 팀장을 선출해야 한다. 물론 돌아가면서 할 수 있으나 가급적 학교 생활이 많은 고학년 선배가 맡도록 한다. 우선 지원자를 받고 각자 팀 운영 관련 발언을 통해 거수나 투표를 통해 정한다. 팀장이 정해지면 조원들은 팀장을 존중하고 지시에 따라야 한다.

3. 팀장이 여러 업무를 분담한다.

먼저 팀장은 공통된 업무를 지원할 업무 담당자를 정해야 한다. 첫 번째는 기록자이다. 기록자는 캡스톤디자인 프로젝트 수행 중 모든 회의 및 결정사항들을 회의록에 기록하여야 한다. 이는 회의들이 진행되면서 기록을 통해 진행 과정을 파악하고 정보를 공유할 수 있기 때문에 반드시 필요하다. 두 번째는 발표자를 선정한다. 이는 앞으로 캡스톤디자인을 통하여 경진대회나 수업시간에 발표를 하게 되는데 제품이나 서비스를 충분히 이해하고 팀을 대변할 수 있는 발표자를 선정하도록 한다. 세 번째는 프리젠테이션 작성자로서 발표자료의 생성, 편집, 디자인을 책임질 담당자를 선정한다.

02. 팀의 이해

1. 팀의 개념

일하는 그룹과 일하는 팀은 다르다. 집단과 팀의 구분으로서 팀은 집단의 성과를 공유하고 긍정적 사고로 개인과 공동 팀이 책임을 지며 구성원이 서로 상호 보완적이다.

2. 팀(Team)의 유형

❶ 문제해결 팀(Problem-Solving Teams)

문제해결 팀의 목적은 문제를 개선하기 위해서 매주 몇시간 정도 시간을 내서 토론 하는 집단으로 동일한 조직 내 구성원 3-5명으로 구성된 집단이다.

❷ 자율관리 팀(Self-Managed Work Teams)

계획하고 작업일정을 짜고 작업속도를 조절해 가며 운영상 의사결정을 해가며, 문제에 대한 조치를 하고 팀원들의 성과를 평가하는 등 수행하던 권한을 그대로 부여하여 자율적으로 관리하는 집단이다. 이는 공동의 서로 연관된 아이디어를 수행하는 구성원 3-5명으로 구성된 집단이다.

❸ 융합 팀(Cross-Functional Team)

조직 내에서 같은 팀에 있지만 다른 영역을 가진 구성원들로 구성되어 과업의 목표를 달성하기 위해서 공동으로 협력하는 집단이다. 다른 표현으로 Task force team이라고도 하고 예로 Committees(위원회)가 있다.

❹ Virtual Team (가상조직)

공동의 목적을 달성하기 위해서 따로 떨어져 있는 구성원들을 컴퓨터와 통신기술을 활용하여 묶어 놓은 팀을 말한다. 이는 비디오 화상회의나 e-mail, SNS를 통하여 업무를 수행한다.

캡스톤디자인은 자율관리 팀이다. 기업에서 가장 많은 성과를 내고 있으며 팀원과 팀장만 존재할 뿐 직급은 사용되지 않는다. 성과와 목표 중심의 조직 운영방법이다.

3. 캡스톤디자인 팀의 효과

캡스톤디자인 팀의 효과는 캡스톤설계의 목표, 구성원들이 가지고 있는 기술, 지식 등과 자원 환경적인 부분, 운영과정으로 나눌 수 있다. 이를 캡스톤디자인 유효성 모형으로 설명되어 진다.

❶ 캡스톤디자인의 목표 설계 (Goal design)

캡스톤디자인의 목표에 근거한 계획 및 내용 설계이다. 이는 프로젝트 방향을 정하는 것으로 프로젝트의 시작이라 할 수 있다.

❷ 팀 구성원들의 요소 (Composition)

- 능력: 전문지식, 문제해결 능력, 의사결정 능력, 대인관계기술 등.
- 성격: 외향성, 친화성, 성실성, 정서적 안정 등.
- 역할과 다양성: 개인과 다른 구성원 역할 명확화
- 규모: 효과적인 팀 규모는 3-5명 정도.
- 유연성: 유연성이 높을수록 적응력도 높다.
- 선호도: 혼자보다는 팀의 일원으로 일하기를 좋아하는 정도.

❸ 팀 플레이어로 전환 시키기 위한 고려사항은 다음과 같다.

- 선발: 선발 시 프로젝트에 관련된 기술적 능력뿐만 아니라 팀의 역할을 완수 할 수 있는 대인관계 능력 고려
- 리더 훈련: 개인별 구성원들 모두가 리더로서의 훈련을 해야 한다. 토론 등을 통한 문제해결, 의사소통, 협상, 갈등관리, 코칭 지도 등
- 경험: 경쟁적이기 보다 협상적인 관계속에서 귀중한 경험을 체험하게 하는 일종의 보상체계(귀중한 경험)를 이해해야 한다.
- 팀 구성원들이 갖추고 있는 다양성에 대한 장점과 단점은 다음과 같다.

장점	단점
• 다양한 관점 • 새로운 아이디어에 대한 개방성 • 다양한 해석, 창의성/유연성 증가 • 문제해결 기술 증가	• 모호성, 복잡성 • 혼동, 오해의 소지 • 의견 일치의 어려움 • 특정행동에 관한 동의의 어려움

❹ 자원환경(Context)

적절한 자원(Adequate resources): 외부로부터의 지원이 필요

❺ 운영과정(Process)

- 공통의 목적: 팀의 나아가야 할 방향과 추진력 제공
- 구체적 목표: 단계별(일정) 수행 과정 수립
- 팀 효율적 운영
- 갈등: 순기능적 갈등 vs 역기능적 갈등
- 사회적 기여 부분 전략수립

A team effectiveness model

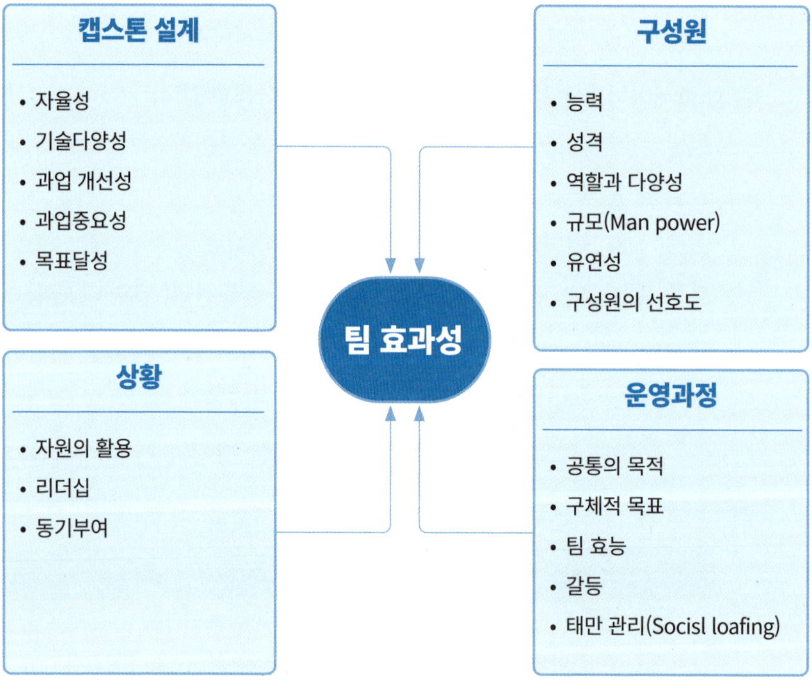

03. 캡스톤디자인의 팀 리더의 역할

캡스톤디자인의 팀 리더는 다양한 역할을 수행하여야 한다. 팀이 형성되는 과정 전에 팀장과 구성원의 관계가 선배 혹은 후배의 관계, 친구의 관계 등 여러 관계에 있었을 것이다. 그러나 캡스톤디자인이라는 프로젝트 속에서는 팀장과 팀원의 관계이고 업무 관계 속에서 진행되기 때문에 한시도 회사 분위기라는 것을 잊지 말아야 한다. 예를 들어 일반적으로 회사에 지각을 자주 하게 되면 이유에 대한 벌을 받게 된다. 그렇듯이 캡스톤디자인 회의에 팀원들이 늦게 되면 회사와 같이 응당한 대우를 해주어야 한다. 4명이 회의를 하게 되었는데 한사람이 5분을 늦게 되면 세 사람의 전체 15분을 과거로 보낸 결과를 가져온다. 그 시간은 더 이상 현실로 돌아오지 않는다. 특히 캡스톤디자인 프로젝트 과정에서는 시간의 소중함을 깨닫고 기업처럼 운영해야 한다는 것을 잊지 말아야 한다.

리더는 여러 가지의 역할을 수행하게 되는데 먼저 창의적인 아이디어를 내야 되는 창조자(Creator) 역할을 한다. 그리고 여러 구성원들이 아이디어를 내도록 제안된 아이디어의 촉진자(Promoter) 역할을 해야 한다. 또한 대안에 대한 통찰적 분석을 제공해야 하는 보좌역(Assessor)을 해야 한다. 구성원을 이끄는 팀장으로서 조직자(Organizer)를 담당하고 팀 프로젝트의 방향 제공과 실행을 해야 하는 프로듀서(Producer) 역할도 해야 하고 프로젝트의 세부 사항을 점검하고 일정을 다시 확인하는 통제자 역할도 수행하여야 한다. 외부로부터 팀을 대표하고 지원하는 지원자(Maintainer) 역할, 팀원들을 격려하고 동기부여 하여야 하는 조언자(Adviser) 역할, 마지막으로 프로젝트 담당 교수님과 학교 담당자와의 연결을 위한 연결자 (Linker) 역할을 수행해야 한다. 이렇듯 팀장이 역할은 다양하고 그에 따른 책임감을 가지고 프로젝트에 임해야 한다.

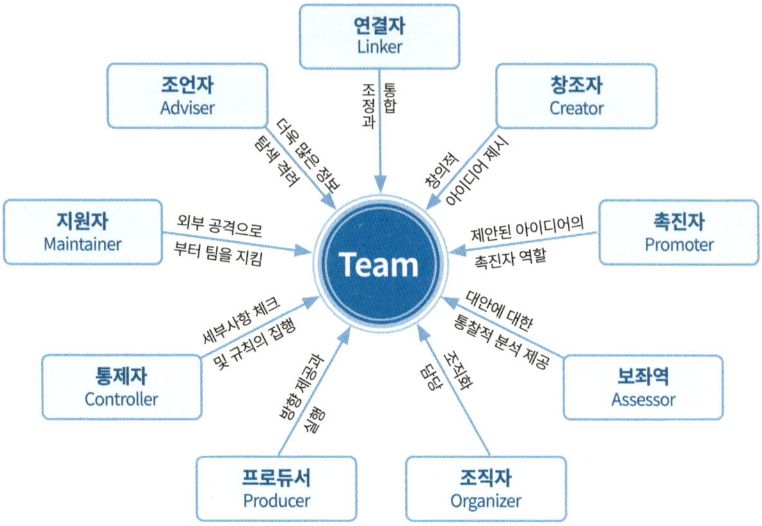

애플(Apple)사의 스티브 잡스(Steve Jobs)는 혼자서 스마트폰을 만든 것은 아니다. 스스로가 얘기했듯이 “사업에 있어서 위대한 일은 결코 한 사람에 의해서 이루어지지 않고 훌륭한 팀이 이루어낸다.” 와 같이 팀의 성과가 애플사의 결과가 되었을 것이다. 스티브 잡스는 한 기업의 리더로서 훌륭한 제품을 만들기 위해 다양한 문제들을 극복하고 조직의 갈등들을 해결하고 팀들 간의 협력을 이끌면서 멋진 스마트 폰을 탄생시킨 것이다.

“사업에 있어서 위대한 일은 결코 한 사람에 의해서
이루어지지 않고 훌륭한 팀이 이루어낸다.”

04. 팀 리더의 바람직한 위상과 팀원의 업무

1. 좋은 리더로 변신하자.

캡스톤디자인 운영과 팀원의 통합을 잘 꾀하며 리더십을 발휘할 수 있는 리더가 되야 한다. 구성원들을 잘 이해하고 자신을 아끼듯 팀원들을 아껴야 한다.

2. 대립과 갈등을 두려워하지 말라.

캡스톤디자인을 운영하다 보면 대립과 갈등은 필수 조건이다. 또한 대립과 갈등은 아이디어 창출의 원천이다. 대립과 갈등에 적극적으로 대처하고 운영하도록 한다.

3. 리더가 솔선해서 주도적으로 리드해야 한다.

관리능력은 숙달되어야 하고 향상이 필요하다. 곤란한 문제일수록 적극적으로 대처하고 몰입하도록 한다.

4. 팀원인 참여자와 관계를 돈독히 하여야 한다.

팀원과 사이가 어긋난 리더를 만나는 팀원은 비극적이다. 이는 팀원과 리더가 서로의 관계를 돈독히 하여야 한다. 리더는 결정된 지시를 잘 관리하고 실행한다.

업무가 한 단계 끝나면 서로 요약을 하고 협의토록 한다. 정보를 서로 공유하고 팀 전체에게 좋은 의견을 교류토록 한다.

5. 팀원 상호 간의 이해가 필요하다.

리더는 팀원 상호 간의 의도를 이해하고 팀장은 리드한다. 또한 팀원간의 협조를 도모하고 협력하는 자세는 기본이며 목표가 하나임을 상기시킨다.

6. 상부상조하는 지원 활동을 넓힌다.

팀원 간 서로 으르렁거리면 프로젝트도 개인도 성장하지 못한다. 상부상조하는 범위를 확대한다. 그러기 위해서 프로젝트를 통해 서로 간 칭찬을 아끼지 말아야 한다. 팀원 내에서 일어난 일을 위해 자진해서 지원하고 협조하라. 문제해결 방향을 선도하고 모든 내용을 교육과 경험의 기회로 활용하자.

7. 활기 넘치는 회의 분위기를 연출한다.

회의 분위기를 밝고 활기가 넘치도록 하며 개방적인 분위기를 만든다. 팀원들이 적극 참여 해서 목표 및 방침을 정하고 결정한다. 이는 팀원들의 자율성을 존중해 주고 업무의 범위를 각 팀원들에게 알려주고 활동 지원 사항을 알려 준다.

05. 캡스톤디자인 팀 관리(Management)

1.관리(Management)는 무엇을 목적으로 하는가?

운영관리의 목적은 팀 목적, 각종 팀 활동을 효과적으로 실현하기 위한 지원에 있다.

2.관리는 프로젝트의 지원 수단이나 방법이다.

관리는 팀을 효과적으로 움직여 나가는 수단이나 방법이다. 관리는 그 자체가 목적은 아니어서 경영과 차별화 되는데 경영이란 최대한 경제적으로 운영하는 것이다. 시간과 예산의 낭비를 줄여 최적화하는 것이다.

3. 관리 업무를 팀원과 재확인한다.

관리 업무란 계획하고 실행하고 점검하는 관리 사이클(Plan-Do-See)로서 계속되는 회전에서 개선하는 데 있다. 따라서 관리의 1차적 기능은 관리기능이고 2차적 기능은 계획기능에 있다.

4. 관리는 필요한 정보를 명시하고 공유한다.

관리는 의사결정에도 영향을 미치는데 정확한 의사결정을 위해서는 캡스톤 디자인 팀원들에게 명확히 알려야 한다. 의사결정은 문제해결을 위해서 실시하고 관리에 필요한 정보들을 명시하여야 하며 시제품 서비스 외주, 용역, 재료 발주 등으로 정확한 진행 정보를 모두 공유한다.

5.캡스톤 리더의 관리영역은 전체 계획서를 통합관리부터 시간 관리, 예산관리, 아이디어 발굴, 조직관리, 커뮤니케이션관리, 위험관리, 외주관리 등이 있다.

관리 영역

관리영역	계획 프로세스	실행 · 관리 프로세스
통합관리	• 프로젝트계획서	• 후 업무 진행 체크
시간관리	• 통합일정표 • 상세일정표 • 기능별 일정표	• 시간,일정 관리
비용관리	• 개발 업무 분석 • 개발 비용(시제품 -발주, 용역, 설치)	• 주간보고서
아이디어발굴	• 아이디어 발굴 회의	• 아이디어 아이템 발굴 회의 • 아이디어 의사결정 주관
조직관리	• 프로젝트 체계도	• 역할 분장 및 진도 관리
커뮤니케이션 관리	• 기록관리	• 회의록 • 회의 유보항목 • 질문관리 시트
위험관리	• 위험요소목록	• 프로젝트의 위험 요소 체크
외주관리	• 시제품 외주 용역, 서비스, 재료 등	• 외주 진행 체크

06. 팀장이 캡스톤디자인에서 기억해야 할 일

1. 회의는 정시에 시작하라.

모든 회의는 약속했던 정시에 시작을 해야 한다. 늦게 시작하면 모든 단계가 늦어지고 참가자들도 익숙해져서 시간을 지키기 어렵게 된다. 회사 다니는 것과 똑같이 업무를 시작해야 한다.

2. 모든 업무를 똑같이 마쳐야 하는 것은 아니다.

팀원들이 각자 다른 업무를 맡아서 진행할 때 업무의 난이도와 준비과정으로 인해서 똑같은 시간에 맞출 수 없는 경우가 있다. 때로는 다른 팀원의 일이 끝나야 시작되는 일도 있다. 따라서 같은 시간 내에 모두가 끝낼 수 있는지를 팀장은 세세하게 분석하고 시간 관리를 해야 한다.

3. 팀장은 촉매자로서 역할을 충실히 하여야 한다.

자신의 생각을 일방적으로 강요하면 안된다. 자신의 의견 쪽으로 몰고 가지 말라. 한사람이 잘 알고 있어도 다른 사람이 경쟁의식을 느끼면 포기한다.

4. 팀원들을 비판하거나 놀리지 말라.

팀원들은 팀장을 믿고 존중하지 않으면 참석이 어렵게 된다. 팀원 각자가 의견을 내면 동의하지 않아도 존중해 주어야 한다.

5.팀원들이 서로 잘 어울리도록 해야 한다.

맡은 업무가 힘들거나 맞지 않는지 팀장은 챙겨 주어야 한다. 업무를 바꾸어 주던지 발생 된 문제부터 해결을 해주어야 다른 일들도 순항할 수 있다. 난이도가 큰 문제부터 해결책을 세우고 진행해야 한다.

6.팀원들이 가지고 있는 문제를 공론화하여 같이 고민해 본다.

진행 과정에서 풀어야 할 문제가 생기면 같이 풀어 가려고 노력을 해야 한다. '나보다 똑똑한 것이 우리다'. 모두 함께 고민해 보자.

7.누가 옳고 그른지를 팀원들과 논쟁하지 말라.

팀장은 누가 옳고 그른지를 판단해 주는 자리가 아니다. 중지를 모아 의결권을 행사하는 것이다. 아주 흥미로운 질문이네. 다른 사람들 생각은? 등 지속적으로 팀원들의 생각을 들어보는 것이 팀장이 해야 할 일이다. 덜 권위적이고 모범이 될 수 있는 방법을 생각하며 진행해야 된다. 논쟁보다는 도움이 되는 자료를 찾아서 활용하도록 도와주는 것이 낫다.

8. 팀원들 각자가 함께 일을 할 수 있는 분위기를 만들어라.

팀원들 중에 개인이 너무 앞서면 다른 팀원들이 위축될 수도 있다. 잘못되면 몇몇이 팀을 리드하게 되고 나머지는 구경꾼이 된다. 이러면 조직 내 갈등이 생기고 참여했던 팀원들이 그만 두겠다는 갈등도 생기게 된다. 팀장은 팀원들의 출발선과 과정, 결과를 챙기듯이 팀원들이 잘 업무를 진행 할 수 있도록 세심한 배려와 독려가 필요하다. 따라서 팀원들이 같은 문제로 고민하고 해결책을 찾게 되면 협동심이 늘고 이해하며 스스로 성장한다.

9. 팀장은 회의 장소에 제일먼저 도착하고 나중에 회의실을 떠난다.

회의 전에 미리 회의실에 가서 자리를 배치하고 자료를 자리에 놓고 오늘 할 회의의 순서와 진행 내용들을 미리 체크하고 나올 때는 팀원들에 대한 배려 차원에서 자리를 다시 정돈하고 나온다.

10. 캡스톤디자인은 열정이다.

프로젝트는 짧은 정해진 시간에 계획하고 실천하는 프로그램이다. 팀원들 개인이 열정을 가지고 추진하지 않으면 결과도 마찬가지로 어려움을 겪을 것이다. 개인이 열정을 가지고 분위기를 서로 독려 한다면 모두가 집중해서 좋은 결과를 얻을 수 있다. 캡스톤디자인은 주어진 시간이 무척 짧게 느껴지고 실제로도 짧다. 중요한 것은 난관을 어떻게 극복 했는지가 중요한 관건이다. 포기하지 말고 끝까지 협동심을 통해 마친다면 성공한 프로젝트가 될 수 있다. 비록 프로젝트를 끝까지 완수하지 못했더라도 성공을 향한 열정은 남는다.

11. 팀장은 팀원들에게 친근감을 주는 리더십을 가져야 한다.

시작할까요? 시간이 다 되었는데 더 의견들 있는지요? 등 편리한 단어를 사용하고 팀원들은 명령어보다는 존중의 제안을 더 좋아한다는 사실을 기억해야 한다.

12. 토의 시 발언 중에 끼어들지 않는다.

팀원이 발언 시에 끼어들어서 말을 막으면 그 팀원은 다음에 발표를 하지 않게 된다. 팀원이 말을 할 때 끝까지 경청하고 눈을 보면서 들어야 하고 말해야 한다.

13. 서로의 발표 시간을 정하고 준수하도록 해야 한다.

시간은 제한적이다. 전체 목표된 회의시간을 맞추기 위해서는 팀원들의 각자의 발언시간을 정해 두는 것이 좋다. 모든 팀원들의 의견이 필요할 때 시간을 준수 하고 팀원들의 불만이 없도록 회의를 리드해 주어야 한다.

14. 팀장은 회의 시작 시에 오늘 회의 안건에 대해서 먼저 설명해 주어야 한다.

앞으로 진행될 내용을 공유하고 문제점, 해결점, 책임을 배분해 주어야 한다.

15. 회의 마지막에 앞으로의 진행과 참가한 팀원, 모두를 위해 구호나 박수를 치고 회의를 마치도록 한다.

07.커뮤니케이션 (Communication)

커뮤니케이션은 단순한 정보교환이 아니라 인간 이해의 교량이다. 서로에 대한 이해와 소통의 의미를 알게 되는 인간과 인간을 잇는 빠른 교감이다. 상대방과 본인의 공감적 이해를 갖는 것이 커뮤니케이션인데 실패하는 이유는 여러 가지가 있다. 자기 중심적인 사고를 가지고 있으면 서로 소통하기가 어렵다. 때론 사실과 추론을 혼동해서 오해가 생겨나기도 한다. 변화를 무시하여 세대간 갈등이 일어나기도 한다. 말의 뜻을 이해하지 못하면 커뮤니케이션에 문제가 생기기도 한다. 마음을 열고 받아들이지 못하면 상대는 마음을 닫게 된다. 상대편의 이야기를 경청하지 않는다. 이런 이유로 해서 커뮤니케이션이 실패하게 되고 마음에 불편함을 느끼게 되면 서로가 멀어지게 된다. 커뮤니케이션을 방해하는 것으로는 편견이 가장 크다. 이를 제거하기 위해서는 머리와 마음을 유연한 상태로 유지하고 평온함으로 대해야 한다. 상대방의 위치에서 생각도 해보고 관대하게 대하며 본인 마음의 고집을 내려 놓아야 상대를 이해할 수 있다. 선입관을 없애고 협의로 이끄는 것이 진정한 리더십이다. 일반적으로 커뮤니케이션은 태도로 정해지는데 상대방을 존중하고 이해해야 커뮤니케이션에 어려움이 없으며 커뮤니케이션을 원활하게 만드는 기본적 태도이다. 커뮤니케이션을 원활하게 만드는 방법은 개방된 환경을 만들고 상대방의 이야기를 진지하게 경청하고 필요한 정보를 공유한다. 또한 상대방의 말을 수용할 자세를 취하고 이해하는 표현을 자주 애기해 준다. 또한 상대방의 애기를 경청하는 것은 커뮤니케이션에서 대단히 중요한 일이다. 적극적으로 경청하는 방법은 자신의 마음을 열고 상대방의 이야기에 귀를 기울이고 자신이 한 말을 행동과 일치시키도록 한다. 신뢰는 믿음이며 이는 상대와의 커뮤니케이션에서 중요한 덕목이다. 이야기 할 때 공감하고 이해한다는 끄덕이는 표현도 아주 좋다. 경청이 결국 상대방의 마음을 열게 된다. 캡스톤디자인 프로젝트에서 커뮤니케이션의 어려움은 팀장은 리더로서의 행동과 동료로서의 행동, 친구로서의 행동, 선,후배로서의 행동들을 구분해서 해야 하는데 캡스톤디자인의 본 목적은 회사에서 하는 것처럼 똑같은 팀제의 구현으로 회사의 팀 조직과 모든 것을 똑같이 운영하여야 한다.

결국 소통의 리더 및 구성원들의 역할은 계획을 이해하고 공유하며 활발한 커뮤니케이션 바탕 위에서 의사결정을 구사하고 조직의 갈등을 극복하며 목표에 도달하는 것이다.

또한 팀원 모두가 서로 존중해야 하는데 그러기 위해서는 긍정과 부정에 관계 없이 서로 솔직하게 피드백을 주고받을 수 있어야 한다. 몇 사람이 일을 주도하거나 아무것도 하지 않는 팀원이 있어서는 안된다. 서로 일을 모두가 같이해야 갈등을 피하고 모두 책임감을 가지고 열심히 노력할 수 있다. 팀원들 간에 강한 신뢰 관계가 형성되면 협력도 강화된다. 다른 관계도 그렇지만 위대한 팀의 토대는 서로 일을 하는데 마음이 편해야 한다. 팀원들 각자가 상대 팀원들에 대한 퍼실리테이터(Facilitator)가 되어야 한다. 퍼실리테이터란 상대를 도와주는 지원자이다. 이는 사람과 사람 사이의 상호작용이 활발하게 이루어지게 하여 창의적인 성과를 이끌어 내기 위해 취하는 전략적 역할이다. 팀장은 리더로서 퍼실리테이터가 되야하는 이유는 첫째 문제해결을 위해 구성원들이 서로 깊이 있는 커뮤니케이션을 도모하여 공감을 이어간다. 둘째 대화는 주로 공감과 배려에 기초한 소통에 주목하여 한다. 셋째 자신의 생각

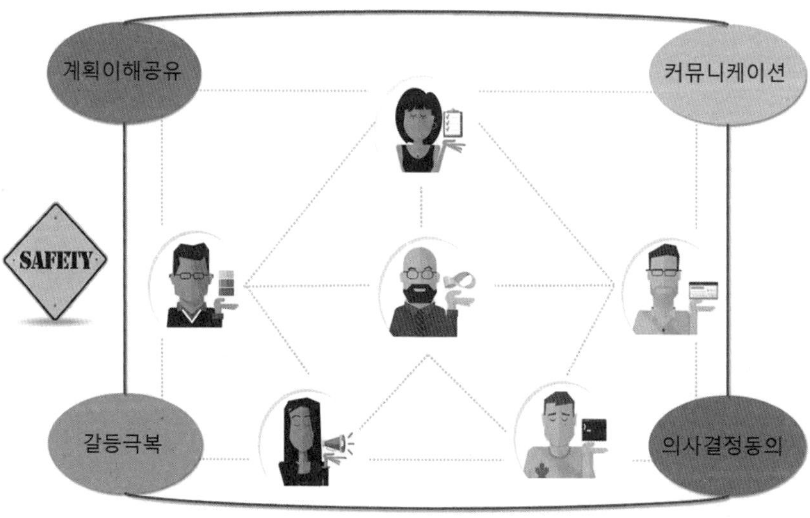

을 주장하기 보다 여러 사람의 다양한 의견들을 드러나게 하고 일정한 방향으로 의견들이 모아지도록 회의를 중재한다. 넷째 미리 정한 합의점이나 논의의 줄거리를 만들어서 예정된 방향으로 결론을 이끌면 안된다. 모든 구성원의 자율성을 이해하고 존중해야 한다. 어떤 조직이나 모임에는 갈등이 존재한다. 이는 사람이 생각하는 기본 기능을 가지고 있다는 사실을 인정하여야 한다. 특히 친구, 동료, 선,후배가 얽혀있는 캡스톤디자인 프로젝트는 더욱 갈등이 심할 수 있다. 리더는 갈등을 피하지 말고 가장 먼저 해결을 해야 하는데 먼저 갈등의 이유를 직접 대면에서 알려 주어야 한다. 갈등 해결 시 전화를 하거나 SNS 문자로 해결하려다가 낭패를 보기 쉽다. 그 이유는 서로에 대한 감정 상태를 눈을 보면서 이해하기 때문이다. 반드시 직접 대면을 통해서 갈등을 해결한다. 만나서 눈을 마주치면서 처음에 상대 의견에 공감을 표시하면서 이야기를 해 주어야 한다. 상대는 잔뜩 긴장하고 장막을 치고 있는데 화를 내거나 감정 상하는 이야기를 먼저 꺼내면 갈등 극복은 어려울 수 있다. 공감을 표시하면서 구체적으로 다른 의견을 지적해 주어야 한다. 구체적 애기를 해준 후 그에 따른 해법이나 방법을 제시해 주어야 하며 서로가 같은 편이라는 입장을 상기시켜 주자. 서로가 가진 책임감은 모두 하나의 목표임을 깨닫고 이야기해 보자. 갈등 해결의 방법은 여러 가지가 있으나 몇 가지를 보면 다음과 같다.

첫째는 문제를 터놓고 말하라. 갈등 상황을 분명하게 정의하여야 한다. 문제를 터 놓고 정의하지 않으면 문제가 계속 제자리를 돈다. 둘째는 해결책에 집중해야 한다. 문제를 말했으면 가능한 한 많은 해결책을 생각하고 인정된 부분을 하나씩 맞추어 해결해 나간다. 세 번째는 모든 입장을 이해하라. 긴장 상태를 해소하려면 자신의 의견을 잠시 한쪽으로 치워두자. 시간을 가지고 상대가 충분히 수용의 자세 때까지 기다려야 한다. 네 번째 갈등상황에서 한걸음 물러나라. 서로 개인적인 공격을 줄이고 한 걸음 물러나야 한다.

갈등은 누가 이기냐의 시합이 아니라 해결해야 하는 문제풀이이다. 어느쪽이 옳은지가 아니고 효과적 갈등 해결에 목표를 두어야 한다. 다섯 번째 마음을 이야기하라. 사람들은 다툼중에 서로 말하고 싶어하지 않는다. 즉 자기 생각과 감정의 극히 일부분만 애기를 한다. 말을 하지 않으면 갈등을 심화시킬 뿐이다. 마음속에 있는 것을 모두 비우고 생각나는 것을 모두 말하라. 여섯 번째 상대방과 약속하라. 둘 사이의 확신이 없으면 문제는 해결되지 않는다. 효과적인 것은 내가 상대방의 입장을 들어 줄테니 상대도 나를 위해 입장을 들어 달라고 요구한다. 대부분 갈등이 깊어지면 더 이상 만나지 않는 경우가 많은데 관계를 유지할 때 문제해결의 가능성이 더 크다. 일곱 번째 공통점을 생각해 보자. 갈등은 서로의 차이점을 심화시킨다. 이럴 때 서로 잘 맞는 부분은 잊어버린다. 갈등 관계 해결의 중요성은 공통점을 찾는 것이다. 여덟 번째 불평에 대한 어떤 요구사항이 담겨 있는지 파악하라. 사람들은 무언가 다른 것을 원할 때 불평을 한다. 비난이나 분노에 대응하는 것보다 요구사항을 파악하여 갈등에서 벗어날 수 있다. 아홉 번 째 대화의 속도를 줄여라. 심각한 갈등은 한꺼번에 많은 이야기를 쏟아낸다. 서로의 말이 총알처럼 빠르면 상대가 알아듣지도 이해하지도 못한다. 먼저 상대의 이야기를 다 들어라. 그리고 대화 속도를 줄이고 명확하게 의사를 전달해라. 열 번째 중재자를 활용할 수도 있다. 갈등 상황에 포함되지 않는 사람이 중재자가 될 수 있다. 열한번째 사과하거나 용서를 구한다. 갈등은 종종 실수이거나 오해를 해서 생기기도 한다. 상대를 이해하고 갈등을 해소하기 위해 진정으로 사과하고 용서를 구한다.

캡스톤디자인의 리더십교육은 다음과 같이 요약할 수 있다.

- 캡스톤디자인은 사회경험을 위한 교내 현장실습이며 창의력, 조직력, 혁신력을 필요로 하며 팀장에게 필요한 리더십은 조직운영, 소통력, 협업력, 팔로우십이 필요하다.

- 캡스톤디자인의 학습영역은 명료화, 창의적 사고, 비판적 사고, 의사결정, 문제해결 능력이다.
- 캡스톤디자인은 열정을 가지고 팀원들을 서로 존중하고 신뢰하며 노력한다.
- 갈등은 면전에서 상대편 입장에서 생각하고 존중하는 마음으로 직언하여야 한다.
- 팀 리더는 관리영역을 계획하고 진행 사항을 항상 점검하고 팀원들과 정보를 공유하여야 한다.
- 팀 리더는 앞으로 일어날 일과 위험을 사전에 인지하고 방지하기 위한 의사결정에 최선을 다한다.
- 팀 리더는 경청과 배려가 필요하고 중지를 모으는 기술이 필요하다.
- 소외된 팀원들이 없도록 관리하고 격려하며 서로가 칭찬과 격려로 사기를 이끈다.
- 그리고 절대로 포기하지 않는다.

마치며

신이 인간에게 마지막으로 주어진 선물은 인간이 생각할 수 있는 창의력이다. 이는 마지막에 나약한 인간에게 인류의 도구의 사용과 기술발전으로 또 다른 행성까지 가는 놀라운 성과들과 새로 발견되는 물질을 통한 지속 가능한 사회가 있게 해 주었다.

대학에서 창의수업은 '캡스톤디자인'이며 거의 유일한 창의력 증진 과목이다. 이는 학생들의 집단 토론을 통한 아이디어 창출과 사업화를 만들어 가는 과정에서 얻게 되는 '경험'은 대학 생활에서 큰 보람이며 사회로 연결되는 접점이 될 수 있다. 그래서 지금의 캡스톤디자인 과목은 대학에서 오아시스 같은 외딴 섬의 존재처럼 느껴지지만 '창의력' 스스로 잠재력을 이해하고 서로를 통해 배울 수 있는 유일한 창구 역할을 하고 있다.

앞으로 미래는 지금의 청년들이 개척해 나가야 하는 미지의 세계이다. 그 미지의 세계는 창의력에 의해서 채워질 것이 분명하다. 미래의 방향도 설정될 것이다. 대학의 캡스톤디자인처럼 대학의 창의적인 학습이 많이 열려서 밝은 미래의 안내자가 되기를 기대해 본다.

참고문헌

1.KAIST 문술미래전략대학원.미래전략연구센터, (카이스트 미래전략 2020), 2019

2.홍정민 외, (어떻게 기술이 최고의 인재를 만드는가), 행복한 북클럽, 2019

3.카츠마 카즈요, 이선미 옮김, (비즈니스 사고력), 쌤앤파커스, 2009

4.한상설 외, (마케팅 마인드.툴.스킬), 한솜, 2004

5.김진영 외, (사업타당성 분석과 사업계획서 작성), 한국창업경영컨설팅협회, 2008

6.R&D 특허센터, (특허관점의 R&D 혁신전략), 특허청, 2012

7.배리리버트.존스팩터, (나 보다 똑똑한 우리), 럭스미디어, 2010

8.조연순 외, (창의성 교육), 이화여자대학교출판부, 2009

9.하원규 외, (제4차 산업혁명), ㈜콘텐츠하다, 2016

10.박휴용, (융합지식과 융합과정), 전북대학교 출판문화원, 2018

11.양은우, (관찰의 기술), 다산북스, 2013

12. https://mcescher.com/ 천국과 지옥 판화

13.백세시대 https://www.100ssd.co.kr/news/articleView.html?idxno=67711 이정문화백의 1963년에 2000년대의 미래 생활

14. 토끼와 오리의 착시 https://ko.wikipedia.org/wiki/%ED%86%A0%EB%81%BC%E2%80%93%EC%98%A4%EB%A6%AC_%EC%B0%A9%EC%8B%9C

15,이경희, (연구조사방법론), 민영사, 2005

16.비제이쿠마 지음, 이유종 외 옮김, (혁신 모델의 탄생), 티움출판, 2014

17.데이브 엘리스, 정진우 외 옮김, (세계 최고의 학습법), 아시아코치센터, 2010

18.유필화 외, (현대마케팅론 제8판), 박영사, 2014

19.김진영 외, (사업 타당성분석과 사업계획서 작성), 아회, 2008

20.고다마 미쓰오, 김외현옮김 (오타니 쇼헤이의 쇼타임). 차선책, 2023

창의력, 미래를 여는 캡스톤디자인

발행일 2024년 2월 26일 초판 1쇄
지은이 송진호
발행인 송자영
발행처 초아출판사

주소 서울시 성북구 정릉로 36길 41
전화 070-8739-0036
팩스 0504-178-5627
E-mail choapublish@hanmail.net

ISBN 979-11-88425-30-3
정가 25,000원

- 이 책은 초아출판사에서 독점계약 발행한 것으로 내용, 사진, 그림 등의 전부나 일부의 무단 복제 및 무단 전사를 금합니다.

- 잘못 만들어진 책은 구입하신 곳에서 교환해 드립니다.